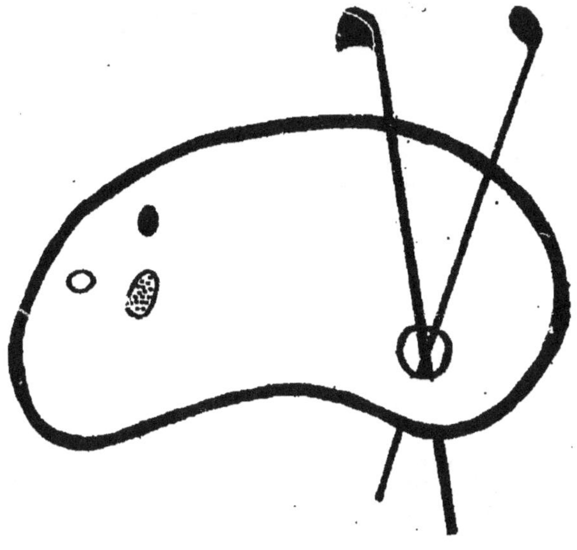

DEBUT D'UNE SERIE DE DOCUMENTS
EN COULEUR

HISTOIRE DES RELIGIONS

J.-B. PIOLET et Ch. VADOT

L'ÉGLISE · CATHOLIQUE
aux Indes

BLOUD & Cie

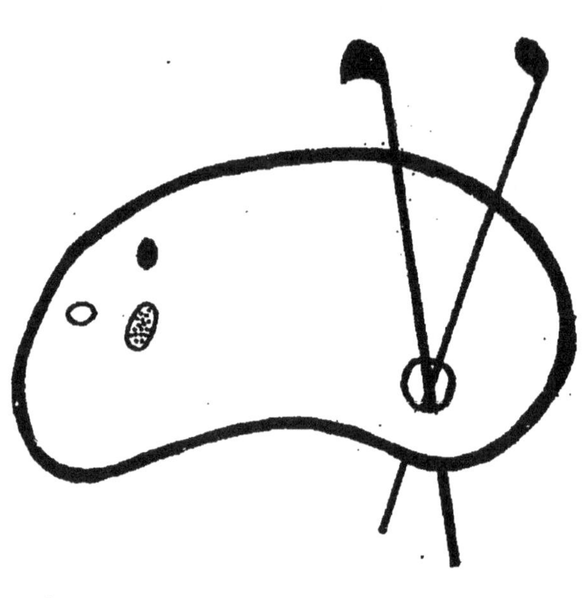

FIN D'UNE SERIE DE DOCUMENTS
EN COULEUR

L'ÉGLISE CATHOLIQUE AUX INDES

PAR

J.-B. PIOLET et Ch. VADOT

PARIS

LIBRAIRIE BLOUD & Cⁱᵉ

4, RUE MADAME, 4

1907

MÊME COLLECTION

ANDRÉ (A.), Supérieur du séminaire universitaire de Lyon.
— **Le Catholicisme aux Etats-Unis de l'Amérique
du Nord**. 2 volumes. *(322-323)*. Prix..... **1 fr. 20**

CROUZIL (Lucien). — **Le Catholicisme dans les Pays
Scandinaves.** 2ᵉ édit. 2 vol. *se vendant séparément.*
I. — *Danemark et Islande (179)*.............. 1 vol.
II. — *Norwège et Suède (180)*........ ...... 1 vol.

DESLANDRES (Paul), Ancien élève de l'Ecole des Chartes.
— *Le Catholicisme est-il une cause de décadence pour
les nations latines ? —* **L'Espagne.** *(268)*..... 1 vol.

GONDAL (I.-L.) — **Le Christianisme au pays de Mé-
nélik.** *(161)*........................... 1 vol.

Du même auteur. — **Le Catholicisme en Russie.** *(249)*.
1 vol.

HORN (Emile). — **Le Christianisme en Hongrie.** *(385)*.
1 vol.

Du même auteur. — **L'Organisation religieuse de la
Hongrie.** *(386)*........ .... 1 vol.

LECARPENTIER (Georges), Licencié ès lettres, diplômé des
Hautes Etudes. — **Le Catholicisme en Irlande.** *(267)*.
1 vol.

Du même auteur. — **Le Catholicisme en Ecosse.** *(330)*.
1 vol.

PIOLET (J.-B.) — **Le Catholicisme en Indo-Chine.**
(375)...................................—1 vol.

Du même auteur. — **La Religion catholique en Chine.**
(363)............................... 1 vol.

VOGT (Albert) — **Le Catholicisme au Japon.** *(357)*.
1 vol.

CHAPITRE PREMIER

L'Inde et les Indiens.

L'Hindoustan, les Indes ou simplement l'Inde, aujourd'hui la plus riche des colonies anglaises, occupe la péninsule triangulaire qui s'étend de la chaîne de l'Himalaya jusqu'au cap Comorin. Il a pour limites, du côté de la terre, la Birmanie, les régions thibétaines et l'Afghanistan ; du côté de la mer, le golfe d'Oman à l'Ouest et le golfe du Bengale à l'Est.

Avec de semblables frontières, les massifs géants de l'Himalaya, où pas une route importante n'est encore tracée à l'exception des deux trouées naturelles de l'Indus et du Brahmapoutre, et les côtes inhospitalières de l'Océan Indien, où pas un port vraiment favorable ne s'ouvre le long des rivages, on a pu dire que l'Inde était le pays de la terre le plus fermé et qu'il était aussi difficile d'en sortir que d'y entrer. Aussi, jamais une des antiques races qui l'ont peuplé n'a-t-elle eu l'idée de le quitter, même après avoir été soumise et réduite en esclavage par un nouvel envahisseur ; jamais un conquérant moderne n'a-t-il songé à l'abandonner après y avoir fixé sa domination.

Cette contrée, ainsi isolée du reste de l'univers, se compose de deux régions distinctes qui n'ont entre elles que des liens très faibles, celle du Nord et celle du Sud. La première est une vaste plaine qui s'étend au pied de l'Himalaya, sur une longueur ininterrompue de 2.700 kilomètres, des bouches de l'Indus aux deltas du Gange et du Brahmapoutre. Unie, basse, elle n'a dans ses parties les plus élevées, au point de partage des eaux de l'Indus et du Gange, que 300 mètres d'altitude. Elle est formée de sédiments si finement pulvérisés, que l'on pourrait la parcourir d'une extrémité à l'autre sans y trouver une pierre. Le monde n'a point de contrée plus fertile ; elle se prête aux cultures les plus diverses, et toutes y donnent d'incomparables rendements, à moins pourtant qu'elles ne soient brûlées, comme il n'arrive que trop souvent, par de désastreuses sécheresses. C'est là le fléau que la nature a imposé à ces contrées comme la rançon de ses dons, surtout à l'Ouest et au Nord ; l'Est, c'est-à-dire le Bengale, y échappe. Il n'empêche, qu'à ne considérer que l'ensemble des choses, le pays ne puisse nourrir une population très nombreuse. Aussi compte-t-il plus de 160 millions d'habitants, bien qu'il représente à peine un tiers de l'Europe comme étendue.

La seconde région comprend tout l'immense plateau triangulaire du Dekkan. Elle est bordée, au Nord, par des montagnes de hauteur médiocre qui la séparent de la plaine himalayenne, à l'Est et à l'Ouest, par les Ghâtes, que l'on distingue en Ghâtes occidentales et en Ghâtes orientales, et qui courent parallèlement au rivage à une faible distance de la mer. Les chaînes du Nord, les Aravelli, le Vindhia et le Satpoura, sont hérissées de forêts et de jungles, elles ont longtemps fermé les communications entre les deux moitiés de l'Inde. Ce n'est guère que de notre temps que les routes et les chemins de fer, construits par les Anglais, ont fait tomber l'antique barrière. Ce triangle de montagnes limite et soutient un plateau immense, d'une altitude moyenne de 6 ou 700 mètres, relevé vers l'Ouest, et plus encore vers le Midi, incliné par suite vers le Nord-Est, et dont presque tous les fleuves, le Mahanadi, le Godaveri, la Krishna, le Caveri, portent leurs eaux au golfe de Bengale. Moins riche et moins fertile que la première, cette seconde partie de l'Inde est aussi moins peuplée. Elle a cependant près de 120 millions d'habitants pour une surface de 2.300.000 kilomètres carrés, en chiffres ronds.

Dans l'Inde se retrouvent tous les climats : des neiges

perpétuelles, comparables à celles des terres polaires, recouvrent les sommets et les hauts plateaux de l'Himalaya qu'un vent glacé désole ; un air sain et frais circule sur les pentes de ces montagnes qui jouissent du climat tempéré de la France et de l'Italie ; les bassins de l'Indus et du Gange sont brûlés des ardeurs des tropiques. « A partir de la fin de mars, la chaleur croît rapidement jusque vers la fin de juin. Elle devient alors intolérable. Mais de l'excès du mal sort le remède. Il se présente sous la forme d'un phénomène commun — c'est le seul du reste — au ciel de l'Inde entière, et qu'il importe de bien connaître : c'est la mousson, sorte de courant aérien qui s'établit tous les ans à la même époque et qui suit pendant plusieurs mois la même direction. Il vient du Sud-Ouest et, chargé de l'humidité des mers qu'il a traversées, il apporte avec lui les pluies ; ces pluies que l'Inde altérée attend avec une fiévreuse impatience, non seulement parce qu'elles doivent tempérer la chaleur, mais pour des raisons bien autrement graves ; car si les pluies tardent, c'en est fait des récoltes, séchées sur pied. Aussi ne se figure-t-on pas facilement l'ébranlement donné à l'Inde tout entière par ces pluies, qui montent peu à peu du Sud vers le Nord. Chaque jour, dans tous les centres de quelque importance, le télégraphe en apporte des nouvelles aussi avidement accueillies que le seraient celles d'une grande guerre nationale. Il n'est personne qui n'en marque le progrès et les étapes. Elles arrivent : sans éteindre la fournaise, elles la tempèrent ; elles baignent cette terre haletante. Inégalement toutefois. Car pendant qu'elles se déversent à flots, à l'Est, sur le Bengale, où il tombe en une année vingt ou vingt-cinq fois plus d'eau qu'à Londres, elles ne seraient jamais qu'insuffisantes dans le Pendjab et dans le Rajpoutana, sans le réseau compliqué de canaux d'irrigation qui les supplée. Elles prennent fin avec la mousson elle-même dans la seconde quinzaine de septembre. Seules, de toute l'Inde, les provinces du Sud-Est, au-dessus et au-dessous de Madras, n'ont point été touchées. Ce serait la mort pour elles, si un second courant ne leur apportait bientôt ce que le premier leur a refusé. Après une période de calme vers les premiers jours de décembre, commence une mousson nouvelle. C'est la précédente renversée ; elle souffle du Nord-Est. Et c'est après avoir balayé le golfe du Bengale qu'elle vient se heurter aux Ghâtes Orientales, et précipite en ondées, sur toute la côte de Coromandel, les vapeurs qu'elle avait entraînées. Il s'en faut pourtant que la mousson d'hiver ait l'importance de celle d'été ; seule cette dernière domine et en quelque sorte rythme tous les mouvements de la vie de l'Inde (1). »

L'Inde est par excellence le pays du coton, dont les tissus s'appelèrent d'abord indiennes, calicots, madapolam. Elle produit aussi le blé, qui occupe la moitié des terres en culture dans les provinces septentrionales et dans plusieurs de celles du centre ; le riz, nourriture de la population dans les districts qui réunissent les conditions agraires et climatériques nécessaires à l'abondante fructification de cette céréale, comme le bas Bengale et, dans une moindre mesure, Madras et Bombay ; le millet, qui forme presque par toute l'Inde le fond de l'alimentation des pauvres. Elle produit et exploite le jute, l'opium consommé en Chine. Depuis quelque temps le thé, le café, le cinchona sont de nouvelles sources de richesses pour le pays. Un tiers de la surface du sol est recouvert de forêts dont les essences les plus précieuses sont le teck, très recherché dans les constructions navales, l'ébène, le santal, utilisé de huit cents manières différentes, l'arbre à caoutchouc, les dattiers, figuiers, bananiers, et les hêtres, pins et sapins.

La sériciculture est active et progresse dans les districts du Pendjab. Le Cashmire fabrique des châles dont la réputation est universelle.

L'histoire ancienne et primitive de ce pays n'est

____

(1) PIOLET, *Les Missions Catholiques françaises*, t II, p. 95.

guère connue, faute d'une chronologie exacte. L'imagination des poètes et l'orgueil national ont attribué des millions de siècles à l'antiquité des Etats hindous, mais ces récits n'ont rien d'acceptable.

Il importe cependant de marquer en quelques traits rapides les origines des races de l'Inde, telle que la science les entrevoit de nos jours. Il y a lieu de distinguer plusieurs couches de population superposées. La première semble être formée de nègres, venus sans doute de quelque région du continent africain, et jetés, peut-être par la tempête, sur les côtes de l'Inde méridionale. Il est reconnu aujourd'hui que la race noire domina dans l'Hindoustan comme dans la plus grande partie de l'Océanie, la Perse méridionale elle-même, avant l'arrivée des jaunes et des blancs. La seconde est un mélange de Thibétains, descendus de leur plateau natal par la vallée du Brahmapoutre, et de Touraniens, originaires du Turkestan et des Pamirs, qui ont suivi la vallée de l'Indus. Ils ont dû refouler les premiers occupants sur les districts les plus difficilement accessibles, et se fondre, tant bien que mal, en une seule masse de population. C'est de ces ancêtres que serait sorti ce qu'on appelle aujourd'hui les races dravidiennes, auxquelles se rattache près de la moitié des 290 millions de l'Inde. On les appelle aussi, moins exactement, les races tamoules.

Elles couvraient le pays d'un réseau déjà puissant et serré, lorsque parurent les Aryas. Ils venaient du plateau de l'Iran, par les passes du Soliman Dagh. A quelle époque se place ce grand événement, il est impossible de le dire. Les hymnes védiques, qui furent composés au cours de cette invasion, en marquent bien les étapes ; mais l'âge de ces hymnes eux-mêmes est si incertain. Ont-ils 3000 ans ou 4000 ans d'existence ? Nul n'oserait l'affirmer avec certitude.

Ce ne fut qu'avec une extrême lenteur que les envahisseurs purent s'avancer dans le pays : ils eurent à lutter à chaque pas avec un ennemi, qui, souvent, les égalait en bravoure et en force. Cependant la victoire, et, plus encore que la victoire, d'adroites transactions leur donnèrent des terres, sans déposséder pour cela les premiers habitants, qui en gardèrent la plus grande part, et qui, vivant au milieu des nouveaux venus, ne furent jamais que très imparfaitement soumis à leur joug. Seulement, à défaut de la force, les Aryas eurent pour eux le prestige de l'élégance plastique et de l'intelligence. Le vainqueur avait pour le dravidien vaincu plus de dédain et de répulsion que le blanc d'Amérique n'en a pour le nègre et l'Indien à la peau rouge. Il mit un soin jaloux à ne pas se mêler avec les races subjuguées, à qui ils finirent par persuader, ce dont ils étaient persuadés eux-mêmes, qu'elles étaient faites pour occuper les degrés les plus bas de l'échelle sociale, tandis que les Aryas en tiendraient les plus hauts. Non pas tous également, pourtant ; car ils se divisèrent tout de suite après leur établissement, sans doute même s'étaient-ils divisés avant, en trois classes : les Brahmes ou prêtres, les Kchatryas ou guerriers, et les Vaisyas, marchands, agriculteurs et bergers. Enfin une quatrième classe, celle des Soudras comprenait toute la population primitive, toutes les races opprimées par les Aryas, et ne méritait que le mépris. On peut voir dans ces anciennes divisions, dans ces fractions de la peuplade aryaque, une première origine des castes.

Des trois classes inférieures il n'existe plus que le souvenir. La classe des Kchatryas semble avoir disparu la première. Les prêtres, à qui elle disputait le premier rôle, l'ont battue en brèche, avec tant d'acharnement, qu'ils l'ont détruite. Sa limite entre les deux autres, très indécise parfois et flottante, a fini par s'effacer. Seuls les Brahmes se sont maintenus, ils ont conservé une pureté relative de la race aryaque et par suite une haute valeur intellectuelle, à travers toutes les vicissitudes politiques subies par l'Hindoustan. Ils ont organisé leur despotisme théocratique et sont devenus, au pied de la lettre, les dieux de l'Inde, comblés de présents, entourés d'hommages, adorés. Et l'étant devenus, ils n'ont plus jamais cessé de l'être. On n'imagine pas, sans l'avoir vu, ce qu'est encore aujourd'hui un Brahme pour un Hindou, ce Brahme fût-il tombé dans la plus

ignoble misère, fût-il déchu, par les plus grands crimes,
de tout droit au respect.

D'autres invasions, plus récentes, introduisirent des
peuples nouveaux dans les Indes. Au IVe siècle après
J.-C., les Rajpouts, peuple qui semble aussi d'origine
aryenne, au IXe siècle les hordes musulmanes mélangées
d'Arabes, de Mongols, d'Iraniens, de Turcs, versent
leur flot sur la population de l'Inde sans en altérer beaucoup la composition ; sauf que les Rajpouts, salués du
nom de frères par les Brahmes, prétendirent restaurer
à leur profit l'ordre des Kchatryas, et se piquent encore
aujourd'hui de la plus haute et de la plus pure noblesse.

L'Inde est le pays des castes. Or qu'est-ce que la
caste ? Un groupe, qui n'est ni le village, ni la tribu,
ni le clan, mais qui, fondée sur la famille, peut cependant se rétrécir, s'allonger, dans lequel se coudoient
souvent les opinions et les croyances les plus différentes ; où même l'usage, « ce dieu Terme des peuples
de l'Orient », ne laisse pas que de varier maintes et
maintes fois, mais qui porte toujours et partout ce
caractère essentiel qu'il est fermé, strictement fermé,
sans communication presque d'aucune sorte avec le
dehors. Les Brahmes eux-mêmes ne forment pas une
seule caste, ils en constituent plusieurs, non moins
inégales entre elles et non moins hermétiquement
fermées que les autres. Il y a plus : la plupart des castes,
bien que formées pour la plus grande part d'hommes
d'une autre classe ou même d'une autre race, comptent
des Brahmes. Quel est au juste le nombre de ces
groupes épars sur toute la surface de l'Inde, nul ne peut
le dire. Ce qui ne fait pas doute, c'est qu'il est énorme
et ne cesse de croître. Dans la seule présidence de
Madras, Mgr Laouënan écrivait en 1870 que le nombre des castes s'élevait à 94.000. Rien de plus varia-
ble d'ailleurs que leur étendue ; il en est qui comptent
jusqu'à dix millions et plus d'individus ; la plupart en
ont seulement quelques milliers ou dizaines de mille.

« Ce qui mérite le plus d'être remarqué, c'est la loi
du mariage. Un Hindou ne peut se marier que dans sa

caste. Encore ne lui est-elle pas ouverte tout entière ; car le *gotra* lui est interdit, c'est-à-dire qu'il doit se pourvoir en dehors du groupe familial ; le *gotra* n'est pas autre chose, mais on l'étend aux degrés et aux ramifications les plus lointaines. La zone matrimoniale est donc, pour chacun, limitée par deux cercles concentriques, l'un plus petit, le *gotra*, l'autre plus grand, la caste. Et c'est là un point qui dans l'immense diversité des usages, reste absolument fixe ; il se retrouve partout.

« Il en est de même d'un autre qui peut être donné comme la seconde caractéristique de la caste : c'est le mépris des castes qui sont au-dessous d'elle. Ce mépris est profond, et porté à des limites que nous n'imaginons pas. Le moindre rapport avec un individu d'une caste inférieure, comme de le toucher, d'être touché par lui, d'habiter avec lui sous le même toit, de manger des mets qu'il a préparés, d'acheter de lui quelque chose, d'employer des ustensiles qui lui ont servi, laisse sur le corps et sur l'âme une souillure horrible ; c'est là le péché, le vrai péché : un bon Hindou n'en connaît guère d'autre. Ces coutumes demeurent dans l'Inde ; elles y sont la règle ; parce qu'elles expriment fidèlement, non pas l'âme de quelques Hindous, mais l'âme indienne. Le trait caractéristique de cette race, c'est l'orgueil, et l'orgueil sous sa forme la plus odieuse, le mépris. Ne serait-ce pas pour cela qu'elle semble maudite (1) ? »

Après la caste, étudions la famille. Elle est patriarcale, du moins dans les campagnes et loin des villes plus ou moins européanisées. Elle est fondée sur la toute-puissance du père. Celui-ci en est à la fois le pontife et le roi. Il offre les sacrifices, sauf dans les cas les plus solennels où il cède la place à quelque Brahme. Sa femme et ses enfants sont, en fait, sa chose. Il ne les consulte pas. Il marie ses enfants, garçons et filles, sans qu'ils aient été présentés à leur futur conjoint.

Sobre, établi sur un sol fertile, il est cependant

____

(1) PIOLET, *Les Missions catholiques françaises*, t. II, p. 101.

pauvre, logé dans de pauvres cabanes, à peine défendu contre les intempéries de l'air. La raison de cette indigence est dans la densité de la population, dans les sécheresses, si fréquentes et si désastreuses, surtout dans le grand nombre et la rapacité de ceux qui le pressurent. Les Brahmes comme prêtres, les rajahs à titre de maîtres, saignent à blanc le paysan. Encore est-il moins volé sous le gouvernement anglais que sous les princes indigènes. Il a du moins, avec lui, la satisfaction de voir une bonne part de l'argent qu'il donne employée à d'utiles travaux dont tout le monde profite.

Quoi d'étonnant maintenant qu'avec l'émiettement des castes et le mépris dont elles sont animées les unes envers les autres, ces peuples aient toujours été une proie facile à l'envahisseur. Rien de plus naturel aux yeux d'un Indien que d'être gouverné par un étranger. Qu'importe, pourvu que la caste soit respectée ? C'est la seule unité qui lui tienne au cœur. Le mot de patrie, si vous le prononcez devant les Indiens, n'est pas compris : ils n'ont pas cette idée-là.

L'immense population des Indes, 260 à 290 millions d'habitants, se décompose au point de vue religieux comme il suit : 200 millions de Brahmanistes, ou pour user de l'expresion la plus courante, d'Hindous ; 60 millions de Musulmans ; 7 millions de Bouddhistes, et seulement 2 millions de chrétiens. Le reste comprend des Parsis ou adorateurs du feu, et quelques tribus primitives refoulées au fond des forêts.

On le voit, l'Hindouisme est la religion propre de l'Inde ; les autres, même l'Islamisme, n'y paraissent qu'à titre d'étrangères. Or il n'est pas commode de se faire une idée nette de cette religion du Brahmanisme. Jamais l'imagination la plus folle n'a rêvé un aussi monstrueux amalgame. Le nombre des divinités admises dans le panthéon ou mieux le pandémonium de l'hindouisme défie tout calcul : les dieux, les esprits, les fétiches, les héros, les personnages célèbres, les animaux, les arbres et les grimoires reçoivent un culte. L'opinion populaire admet en chiffres ronds 330 mil-

lions de divinités. Le génie brahmanique a tenté
d'introduire l'ordre dans ce chaos indigeste, mais la
cacophonie de rites discordants, l'absurdité des contradictions les plus énormes empêcheront à jamais toute
solution plausible.

De Brahma, de Vichnou, de Siva, et de toutes les
vieilles divinités védiques, il n'est que peu ou point
question, sauf en quelques fêtes plus solennelles, ou en
quelques lieux de pèlerinage. Krishna et Rama, ces
glorieuses incarnations de Vichnou, ne tiennent
pareillement que peu de place dans la vie journalière
du fidèle hindou. Par contre, le nombre des superstitions ne cesse de croître. Il en naît chaque année du
sol une moisson nouvelle. Et quelle qu'en soit la
nouveauté, la bizarrerie, quelquefois même l'immora-
lité flagrante, les Brahmes, arbitres suprêmes de
l'orthodoxie, se hâtent de les admettre. Nulle des
vieilles croyances n'en prend ombrage. C'est qu'au
fond dans l'Hindouisme, une seule chose a de l'importance : le respect des Brahmes. S'il est sauf, tout est
bien. Or, sur ce point, toutes les sectes sont d'accord.
Le seul vrai lien qui les unit, et qui en fait, malgré
leur diversité, un corps organique et solide, c'est la
reconnaissance du droit divin qu'ont les Brahmes
d'être vénérés, d'être obéis, d'être nourris par le reste
de la communauté. Les lois de Manou ne disent-elles
pas : « Les hommes sont les premiers entre les êtres
intelligents, les brahmanes sont les premiers entre les
hommes. Tout ce que ce monde renferme est la pro-
priété du brahmane ; par sa progéniture et sa naissance
il a droit à tout ce qui existe. Quelle que soit l'origine
des objets dont il se nourrit, dont il se revêt ou qu'il
donne, les mets et les habits dont il use, les dons qu'il
fait sont son avoir propre ; car c'est de sa générosité
que les autres hommes tiennent tous les biens dont ils
jouissent en ce monde » (liv. V, v. 93).

Le Bouddhisme, cette réforme égalitaire du Brahmanisme, ne compte presque plus dans son pays
d'origine. L'Islamisme ne fait guère que des progrès
plus apparents que réels. Les Brahmes ne seraient pas

fâchés d'ouvrir à la religion de Mahomet les portes de leur Panthéon, pour l'absorber comme ils ont fait de tant d'autres croyances et d'autres cultes.

Dans cet amas de doctrines souvent contradictoires les unes avec les autres, dans ce pullulement de superstitions plus ou moins impures, il a paru intéressant de chercher si la Religion catholique a pu germer et prendre racine, comment elle se développe présentement. Cet opuscule n'a d'autre but que de montrer les efforts actuels des Missionnaires pour faire adopter les vérités de la foi aux habitants de l'Hindoustan et les résultats auxquels ils sont péniblement arrivés aujourd'hui, en l'année 1907.

Suivant les traces des Portugais et des Hollandais, les commerçants de la Grande-Bretagne fondèrent leurs premiers comptoirs aux Indes dès le début du XVIIe siècle. Le siècle suivant fut rempli par les rivalités des Anglais et des Français qui se disputaient la prédominance dans ces riches contrées. Mais les succès de Clive, de Hastings et de Wellesley rendirent les premiers maîtres du Bengale d'abord, puis de la plus grande partie du pays. La conquête se poursuivit pendant le XIXe siècle et, en 1877, l'existence de l'empire des Indes fut officiellement proclamée.

Le roi Edouard VII, empereur des Indes, ne gouverne pas plus en Asie qu'en Europe. A Londres siège dans le Conseil des ministres le secrétaire d'Etat pour l'Inde, et, vers l'embouchure du Gange, à Calcutta, le vice-roi. Mais ni l'un ni l'autre n'exercent sur l'administration de l'Empire une action profonde : ils ne font que régulariser et coordonner les décisions des gouvernements particuliers des diverses provinces. Celles-ci, surtout les plus grandes, forment comme autant de nations à peu près totalement indépendantes, régies suivant des lois et par des organes qui varient profondément de l'une à l'autre et qui, sauf quelques modifications d'assez peu d'importance, sont restés ce que les avait faits Akbar le Grand au XVIe siècle. Quelques provinces portent le nom de

« Commissariats » et relèvent plus directement du vice-roi ; quelques autres celui de « Lieutenances » ; deux seulement celui de « Présidences », celles de Madras et de Bombay. Mais ce n'est là qu'une pure affaire de mots.

Voici la liste des provinces anglaises : le Bengale, l'Assam, le Bérar, les provinces du Nord-Ouest, le Pendjab, les provinces centrales, et les deux présidences de Bombay sur la côte de Malabar et de Madras sur la côte de Coromandel. On y trouve de très grandes villes : Calcutta, 1.200.000 habitants avec les faubourgs, Bombay, 800.000, Madras 509.000, etc.

A côté de ces régions plus directement placées sous le pouvoir de la Couronne subsistent de nombreuses principautés, tributaires ou protégées. Ce sont elles que l'on désigne par le nom d'Etats indigènes, *native states*. Elles mesurent les deux cinquièmes de l'Inde entière ; voici les principales : le Cashmire, le Rajpoutana, le pays des Mahrattes, le Maïssour.

CHAPITRE II

L'ancienne Mission.

Une tradition, très ancienne et constante, appuyée sur des monuments historiques, nous apprend que l'apôtre saint Thomas prêcha l'Evangile aux Indes et y fit des conquêtes non moins rapides et non moins étendues que celles de ses frères du collège apostolique en d'autres contrées. Les bénédictions de Dieu s'attachaient à sa parole. Toutefois il semble que la côte de Coromandel en ait eu la meilleure part. Elle se couvrit de chrétientés nombreuses, pleines de toute la sève de

la jeunesse, et ces chrétientés ne tombèrent pas, loin
de là, quand les Brahmes martyrisèrent saint Thomas
à Méliapour. Elles se développèrent autour de son
tombeau et se multiplièrent dans les régions voisines.

Ce n'était pas seulement dans les provinces orientales
de l'Inde que la parole évangélique avait commencé de
fructifier. Celles du Nord, surtout du Nord-Ouest, pour
qui le contact avec les peuples occidentaux était chose
plus facile et moins rare, avaient eu plus d'occasions
de la recevoir. Nul doute que des communautés chrétiennes n'y eussent été pareillement fondées. Au Sud,
la foi, de la côte du Coromandel, avait gagné celle de
Malabar. L'évêché de Cranganore, dans le voisinage
de Calicut, date de la plus haute antiquité, puisqu'il
existait lors de l'arrivée des Juifs à Cochin, comme
l'attestent les plus vieux de leurs livres.

Le continent indien était donc entamé par tous les
côtés. Il semblait que le christianisme dût s'y infiltrer
de proche en proche et gagner toute la masse de cette
immense population. Mais des événements malheureux
en arrêtèrent bientôt la diffusion et en comprimèrent
la force expansive. La chute de l'empire romain d'Occident et la décadence de celui de Constantinople
rompirent peu à peu les relations de ces Eglises lointaines avec le reste de la catholicité ; Rome ne fit plus
rayonner que faiblement et par intervalles sa vivifiante
influence sur elles. Celles du Nord, isolées et couvertes
à maintes reprises par le flot des invasions musulmanes
et autres, disparurent sans laisser de traces. Les autres
ne firent plus que végéter misérablement. Le Nestorianisme, refoulé des provinces orientales de l'Empire
vers la Perse où il eut l'art de se maintenir et de jeter
même beaucoup d'éclat, étendit à la plupart d'entre
elles la contagion de ses erreurs. Dès le IXe siècle, elles
ne recevaient plus de la Perse que des évêques nestoriens.
On conçoit sans peine que diminué par ce mélange de
doctrines impures et laissé sans secours à ses propres
forces, le christianisme indien, étouffé entre le brahmanisme et le bouddhisme, ne fut plus guère en état
de se défendre. La ligne qui le séparait du paganisme

s'effaça par degrés. Les plus grossières superstitions altérèrent jusqu'à la défigurer presque complètement, la foi de ces fidèles retombés très voisins du paganisme.

C'est de l'Occident qu'allait leur revenir la vie chrétienne. En 1497, les Portugais, sous la conduite de Vasco de Gama, doublèrent le cap des tempêtes et se rendirent maîtres successivement de Ceylan, d'Ormuz et de Goa. En moins d'un siècle, leurs comptoirs s'échelonnent le long des côtes de l'Afrique et de l'Asie jusqu'à la Chine. C'était une voie nouvelle que Dieu ouvrait à son Eglise. Le zèle de la religion s'y engagea sur-le-champ. A peine la victoire de François d'Almeïda, à Diu, eut-elle assis l'influence portugaise dans les Indes, que les missionnaires se préparèrent à y entrer. Ils y arrivèrent en 1509, et, sans différer d'un moment, ils se mirent en campagne. Disciples de saint Dominique et de saint François, ils ne trahirent aucune des espérances que ces grands noms permettaient de concevoir : piété, zèle de la gloire de Dieu et du salut des âmes, rien ne manqua à la dignité et au succès de leur apostolat.

Ils ne devaient pas cependant garder le premier rang. Saint François-Xavier et ses frères et successeurs les éclipsèrent dans cette lutte toute de charité. Le premier, débarqué à Goa, le 6 mai 1542, parcourt la côte de Malabar, prêchant, baptisant et laissant partout derrière ses pas des églises nombreuses. Il fait de la caste des Paravers, au cap Comorin, un miracle de foi et de toutes les vertus, qui rappelle les Eglises les plus justement célèbres des temps apostoliques. Les néophytes de Mannar, à peine sortis de l'eau du baptême, marchent au martyre sans défaillance. L'apôtre voit accourir à lui de telles multitudes qu'il ne peut suffire à les instruire : les forces lui manquent, tant de fois il a dû parler, baptiser, absoudre. Goa, Cochin, Travancor, Méliapour sont tour à tour témoins de prodiges surnaturels qui subjuguent l'intelligence humaine. D'autres villes envoient des députations demander des ministres de l'Evangile. L'apôtre ne peut suffire à tout, il donne les compagnons qu'il possède et vole lui-même vers d'autres rivages, ceux de Malacca, du Japon, de la Chine. Celui que l'éclat de ses miracles et de sa sainteté avait en quelque sorte divinisé aux yeux des peuples de l'Inde, n'y devait plus reparaître.

Mais il laissait des successeurs. Ses frères se précipitèrent en foule par la brèche qu'il avait ouverte. Moins de cinquante ans après, ils avaient aux Indes deux grandes Provinces : celle du Nord ou de Goa et celle du Sud, un peu plus tard Province de Malabar. Dès 1600, plus de 400 jésuites s'y dévouaient au service du Christ et des âmes.

On ne sait quels noms méritent le plus d'être retenus dans cette glorieuse légion. Le P. Criminale, premier martyr de sa compagnie, meurt par le fer des Musulmans pour la défense du peuple qu'il évangélise à Punikael. Le Bienheureux martyr Rodolphe Acquaviva pénètre à la cour de l'empereur du Mogol, Akbar le Grand, qui le traite avec faveur et lui fait espérer pour la religion chrétienne un appui tel, qu'il eût pu entraîner la masse de la population. Puis viennent Robert de Nobili et le Bienheureux Jean de Britto, qui étonnent jusqu'à leurs supérieurs par les succès d'un ministère triomphal.

Robert de Nobili inventa et organisa un nouveau mode d'apostolat. Pour se faire écouter des Brahmes orgueilleux, il embrassa la vie de prières, d'étude, de pénitences que les lois de Manou imposent aux Brahmes Sanyassis, vie d'une austérité effrayante, dont les païens ne prennent que les dehors, mais qu'il pratiqua sincèrement. Sa sainteté et sa science eurent bientôt percé le voile de mystère dont il s'entourait. On le vit, on l'admira ; on l'entendit et on se convertit. Son maître, un vieux *Pandit* brahme, fut une de ses premières conquêtes. D'autres brahmes l'imitèrent, au moins une vingtaine.

« Mais était-il orthodoxe de brahmaniser ainsi l'Evangile. Etait-il sage d'imposer à la Compagnie, au Maduré, une règle nouvelle, extrêmement dure ? Certains le pensaient, d'autres le niaient. De là un débat que Grégoire XV, en 1623, termina en faveur de Nobili par un arrêt qui, pendant plus d'un siècle, sera la charte de la Mission.

« Rassuré sur l'avenir, le P. de Nobili put appliquer sa méthode. La pénurie d'argent, plus encore que celle d'hommes, l'empêcha seule de réaliser un de ses plus chers projets, la création d'un grand collège de Brahmes à Madura. En 1639, il compléta du moins son système en instituant deux classes de missionnaires : les uns, *Brahmes Sanyassis*, comme lui assujettis à toute l'étiquette des Brahmes ; les autres, *Pandara Swamis,* pouvant fréquenter toutes les castes des Soudras. Pour de grands maux, il fallait ces héroïques remèdes. Quand le P. Robert de Nobili mourut, en 1656, la Mission de Maduré comptait cent mille chrétiens (1). »

Le succès que Robert de Nobili avait remporté sur un territoire, au prix d'héroïques efforts, d'autres missionnaires l'avaient obtenu ailleurs. Aussi l'Inde, en 1700, ne comptait pas moins de deux millions et demi de catholiques.

Mais, à cette époque, la puissance des Portugais était violemment battue en brèche par les Hollandais hérétiques. Or, soit politique, soit esprit de secte, ceux-ci firent une guerre à mort aux catholiques Indiens, qu'ils feignaient de croire, plus peut-être qu'ils ne les croyaient, attachés sans retour à la puissance rivale de la leur. Les missionnaires furent traqués et massacrés ; l'exercice du culte catholique, interdit sous les peines les plus impitoyables, les églises converties en factoreries ; pendant que les prédicants de la Réforme s'efforçaient d'attirer à eux les brebis privées de leurs pasteurs.

De tels faits étaient bien propres à déchaîner la fureur persécutrice, jusque-là mal contenue, des rois indigènes. Plusieurs d'entre eux se distinguèrent par les plus atroces violences ; nul plus que le célèbre sultan de Maïssour, Tippoo-Saïb. Il fit périr plus de cent mille chrétiens dans ses Etats ; il en donna ou vendit

---

(1) Piolet, *Les Missions catholiques françaises,* t. II, p. 185.

presque autant comme esclaves ; en un seul jour il en força 40.000 à recevoir la circoncision, caractère de l'Islamisme.

Un autre événement regrettable vint paralyser le développement du catholicisme aux Indes : ce fut la disparition des Jésuites. En 1759, Pombal les chassa du Portugal et de toutes les colonies qui en dépendaient ; 127 religieux furent arrêtés et embarqués le même jour pour Lisbonne, où, emprisonnés dans les cachots et les souterrains du fort Saint-Julien, ils finirent par succomber à la misère. « Les Jésuites, écrit le protestant Campbell, se promettaient de convertir l'Inde et la Chine ; si leur carrière n'eût pas été entravée par des événements politiques, ils eussent certainement fini par y réussir (1). » Le docteur Wolf, ennemi acharné du catholicisme, conclut en ces termes son ouvrage sur l'Inde : « Les Jésuites ont été les plus grands missionnaires de la terre (2). »

Ces vaillants ouvriers arrachés de l'Inde, le Saint-Siège se hâta de pourvoir aux chrétientés délaissées. Mais où trouver des missionnaires ? La Société des Missions Etrangères de Paris fut sollicitée de recueillir le lourd héritage de la Compagnie de Jésus. Déjà surchargée elle-même, elle ne put qu'envoyer six ou huit prêtres. Que pouvaient-ils en si petit nombre ? Dans la vallée du Gange, à Agra, les Capucins travaillaient, écrasés eux aussi par leur tâche et déplorant leur insuffisance numérique. Les Carmes avaient leur vieille mission du Malabar qu'ils n'arrivaient pas à desservir, faute de sujets. Cette pénurie ne cessa de croître. La Révolution française qui avait accumulé tant de ruines en France, tarit pour un temps presque toutes les sources du recrutement des missionnaires. Aussi, quoi d'étonnant si après tant d'adversités le chiffre des catholiques aux Indes soit tombé à 500.000, en 1800, de près de 3.000.000 qu'il était en 1700.

D'un autre côté, l'Angleterre établissait définitive-

(1) CAMPBELL, *L'Inde telle qu'elle est*, ch. VIII.
(2) *Voyage et aventures du docteur Wolf*, ch. VII.

ment sa puissance dans la péninsule indoue. A la suite de Clive et de ses soldats toujours victorieux, quelques ministres protestants pénétraient ou s'introduisaient dans cette contrée. Allaient-ils succéder aux prêtres catholiques et par leur argent, par leurs écoles et leurs autres établissements de bienfaisance, gagner peu à peu à leur hérésie les enfants de la véritable Eglise, clairsemés et manquant d'un clergé pour les soutenir ?

CHAPITRE III

Le droit de patronage du Portugal.
Le clergé goanais.

« Nous vous ordonnons au nom de la sainte obéissance, avait dit Alexandre VI aux souverains d'Espagne et de Portugal, d'envoyer dans les terres fermes et dans les îles, des hommes probes, craignant Dieu et capables d'enseigner les habitants des dits lieux dans la foi catholique et dans les bonnes mœurs. » Les rois de Portugal, fidèles aux engagements pris par eux envers le Saint-Siège, avaient dirigé vers les Indes des missionnaires nombreux et zélés. Les Pontifes de Rome leur en avaient témoigné plus que de la reconnaissance : ils avaient tenu à payer d'un prix magnifique les services rendus à la foi, et leur avaient accordé le droit de patronage sur toutes les églises de l'Inde. Forts de ce droit, les Souverains de Portugal présentaient aux quatre sièges de Goa, de Cranganore, de Cochin et de Méliapour, les seuls qui eussent encore été créés : ils exerçaient, par l'intermédiaire de l'archevêque de Goa, métropolitain, un contrôle non pas seulement nominal, mais très effectif, sur toutes les communautés chrétiennes, même les plus distantes des établissements portugais ; nul évêché nouveau ne devait être érigé sans leur participation ; nul missionnaire ne pouvait se rendre aux Indes sans leur permission et autrement que sur les vaisseaux de leur marine ; bien plus, ils émirent la prétention que les brefs du Pape n'eussent force de loi aux Indes que munis du placet royal. Mais concédé pour le bien des âmes, le droit de patronage supposait évidemment que le royal patron s'occuperait de ses clients, et que, au cas où il en serait empêché, il laisserait le Pape libre de pourvoir directement à leur salut.

Tant que le Portugal n'eut à redouter dans les Indes aucune puissance rivale de la sienne, il favorisa le christianisme et l'Eglise ne fit entendre aucune plainte. Mais lorsque, sous les attaques réitérées des protestants hollandais, la domination portugaise recula ; lorsque, surtout, après la conquête entière et définitive des Indes par les Anglais, le Roi Très Fidèle eut perdu tout espoir de ressaisir son empire d'autrefois et d'y exercer une influence quelconque ; le Saint-Siège, en présence d'une telle impuissance, chargea quelques missionnaires de l'Inde de veiller eux-mêmes sur les chrétiens délaissés et de combler dans la mesure du possible les vides qui s'étaient formés. Aussitôt, afin de prouver qu'ils avaient des prêtres, les supérieurs ecclésiastiques de Goa ordonnèrent à la hâte et répandirent dans l'Inde une troupe d'indigènes, élevés au sacerdoce sans formation ecclésiastique et sans connaissance suffisante des lois de l'Eglise.

« Indigènes arrogants, a écrit Mgr Laouënan de Pondichéry, orgueilleux, pénétrés de leur supériorité sociale (ils se disaient descendants des Brahmes konkanis que les Portugais s'étaient jadis assimilés), n'aspirant qu'à gagner de l'argent en travaillant le moins possible, ignorant les langues ou ne les parlant qu'à la façon des parias, sans foi et sans dignité dans l'exercice de leur saint ministère, et, même au saint autel, malpropres, buveurs et querelleurs et ne possédant, en fait de théologie, que la connaissance des privilèges extraordinaires accordés par le Souverain Pontife aux rois de Portugal. »

L'Eglise des Indes resta donc, pendant près d'un demi-siècle, abandonnée aux prêtres de Goa. Or ces prêtres incomplètement préparés aux fonctions de leur ministère, ne relevaient pas le prestige du catholicisme. Leur conduite justifiait parfois l'éloignement qu'ils inspiraient. A Seringapatam, écrit un vicaire apostolique de l'Inde, un prêtre goanais fut arrêté par les soldats de Tippoo-Saïb, et mis au corps de garde, une nuit, qu'étant ivre, il parcourait les rues, armé d'un tison enflammé avec lequel il voulait, disait-il, incendier la ville. Il y en eut un autre qui, pris de vin également, poursuivait, armé d'un couteau, un des principaux chrétiens du lieu, auquel il prétendait couper les oreilles.

A Négapatam, deux prêtres goanais se battirent à coups de sabre. Il y en eut un qui mourut, dans le Palghat, à la suite d'excès d'opium. M. Mottet, ancien missionnaire à Pondichéry, en découvrit un engagé comme maître de musique dans les troupes anglaises... Plusieurs fidèles furent amenés à l'apostasie par l'horreur qu'inspiraient les débauches et les simonies de quelques pasteurs indignes, qui non contents de leurs vices privés, rançonnaient impitoyablement leurs paroissiens et faisaient tout payer.

Et, jusqu'en l'année 1886, on peut dire que le plus amer crève-cœur des missionnaires fut de rencontrer ces prêtres, tantôt faisant appel aux Anglais pour expulser un évêque envoyé par Rome, tantôt laissant les protestants piller les églises et en arracher les statues. En vain la Propagande signale-t-elle au Portugal ces attentats. Le Portugal ne répond pas. En vain Grégoire XVI, en 1832, crée-t-il des Vicariats et fait partir de nouveaux missionnaires. Ceux-ci, sont arrêtés, combattus, repoussés par des prêtres goanais, aux yeux du paganisme scandalisé et de l'hérésie réjouie.

Le seul remède à tous ces maux était évidemment une entente avec le Portugal. Un concordat fut en effet signé à Lisbonne, le 21 février 1857. Cet acte rétablis-

sait le patronage portugais sur les anciennes églises,
permettait au Portugal de créer de nouveaux évêchés
et pour ramener la paix entre tous les prêtres qui évangélisaient les Indes, le Saint-Père accordait à l'archevêque de Goa une juridiction extraordinaire sur tous
les fidèles.

Les chrétiens, disait le texte du traité, devaient rester
à la juridiction qui les possédait à la date de la signature du Concordat. Les juridictions, se compénétrant,
furent un principe d'inévitables conflits. Enfin, le 23
juin 1886, un nouveau concordat était signé à Rome,
qui conciliait à la fois les exigences du Portugal et le
bien des âmes. Le siège de Goa était élevé à la dignité
patriarcale. Il avait trois évêchés suffragants, Damao
(dont l'ordinaire obtenait le titre d'archevêque de Cranganore), Cochin, Méliapour, sur lesquels s'exerçait pleinement le patronage. Le roi obtenait le droit de présentation pour les sièges de Bombay, de Mangalore, de
Quilon et de Maduré. Enfin la hiérarchie catholique
était instituée dans l'Inde. Le calme était rétabli et la
concorde allait régner désormais entre tous les membres
du clergé réconciliés, goanais et propagandistes.

L'Inde était partagée en huit provinces ecclésiastiques : Goa, Agra, Calcutta, Bombay, Madras, Verapoly, Pondichéry et Ceylan.

CHAPITRE IV

Province ecclésiastique d'Agra.

La province d'Agra ne compte que 32.000 catholiques
sur une population totale de 108 millions d'habitants.

Son vaste territoire, plus grand à lui seul que celui de
la France, comprend le Pendjab, le Cashmire et les Etats
du Grand Mogol. Ces pays, évangélisés au xiiie siècle

par des religieux Franciscains, reçurent au xvie et au xviie quelques rares visites des Capucins et des Jésuites. Mais les persécutions des Musulmans forcèrent les missionnaires à quitter la contrée. Enfin en 1773, l'œuvre d'évangélisation fut reprise par les Capucins, qui seuls ont travaillé depuis dans ces populeuses régions.

En 1808, Pie VII érigea la mission, qui comprenait aussi le Thibet, en vicariat apostolique La mission hindoue-thibétaine était constituée. En 1845, un premier démembrement donna naissance au nouveau vicariat de Patna ; en 1846, un deuxième lui enleva le bas et le moyen Thibet, pour en former le vicariat apostolique de Lhassa remis aux prêtres des Missions Etrangères de Paris. De ce qui resta fut formé le vicariat apostolique d'Agra qui englobait l'immense plaine incluse entre l'Indus et la Nerbaddah. Deux décrets de Léon XIII réduisirent ce trop vaste domaine à des proportions plus modestes et multiplièrent les centres d'apostolat. Le Pendjab, en 1886, et le Rajpoutana, en 1892, lui furent enlevés.

A l'établissement de la hiérarchie ecclésiastique aux Indes (1er septembre 1886), le vicariat apostolique d'Agra fut élevé à la dignité de siège archiépiscopal, avec deux évêchés suffragants, Allahabad et Lahore, et trois préfectures apostoliques, le Rajpoutana, Bettiah et le Kafiristan.

Voici le tableau des développements du catholicisme dans la province :

En 1800, on comptait environ 5.000 catholiques ; ils étaient 6.000 en 1840 ; 23.000 en 1870 ; 26.000 en 1890 ; 28.000 en 1900 et 32.000 en 1907.

A l'érection de la mission de Patna en diocèse, le siège de l'évêché fut transféré à Allahabad, ville mieux située et plus propre à devenir la résidence du premier pasteur des fidèles.

Si la religion est lente à s'implanter dans la vallée du Gange, cela tient à des causes multiples : notons en premier lieu le trop petit nombre des missionnaires, 15 ou 20, la plupart du temps, dans des contrées où vivent 38 millions, 24 millions de païens. Ensuite, quand

un hindou se convertit, il est inévitablement banni de
sa caste, repoussé par ses proches et ses amis, exposé
à tous les mépris, à toutes les injustices. Dans son
dénuement personne ne le recueillera.

Ce n'est guère que dans les temps de grande calamité
où la famine, le choléra sévissent avec fureur, que l'on
peut espérer de baptiser des païens adultes. Rarement, en effet, ceux-ci repoussent, à l'approche de la
mort, le prêtre secourable qui leur apporte quelque
remède ou quelque soulagement. Mais comme ces mori-
bonds ne tardent pas à expirer, après avoir reçu le
baptême, le nombre des élus peut s'augmenter au ciel,
sans que le chiffre des chrétiens s'accroisse de beaucoup
sur la terre.

Ecoutons Mgr Jacopi, archevêque d'Agra, nous
décrire, en 1877, son laborieux apostolat : « La famine
a commencé ses ravages. Les pluies ayant entièrement
fait défaut, les récoltes de la saison sont perdues, et il
n'y a aucun espoir pour celles qui se font en mars,
parce que les terres ne peuvent être ensemencées. Nous
avons donc devant nous onze ou douze mois de famine.
Déjà les paysans désertent les villages pour se porter
dans les grandes villes où ils espèrent trouver quelque
chose à manger.

« Aussitôt que le fléau s'est manifesté à Agra, nous
avons reçu 130 enfants et 136 adultes, pour lesquels
nous dépensons 50 francs par jour. *C'est seulement
dans de telles circonstances que nous avons l'occasion
de faire de nouveaux chrétiens*, nous sommes donc
déterminés à ne pas la négliger. Nous ne nous conten-
tons point de recevoir ceux qui se présentent, mais,
chaque jour, nous allons à la recherche des enfants
qui, plus que les adultes, promettent de persévérer
dans le christianisme. »

Aussi, vers la même époque, les écoles chrétiennes
du diocèse comptaient-elles 1.298 élèves.

En 1895, Mgr Pelckmans, évêque de Lahore, écrivait
de son côté : « Depuis quatorze ans que je me trouve
aux Indes, l'expérience m'a appris qu'entre toutes les
œuvres d'une mission les deux plus importantes sont

le baptême des enfants païens au péril ou à l'article de la mort, et le rachat des enfants païens. La première fait des anges pour le ciel. La seconde fait des chrétiens fervents et peuple l'Eglise de la terre. Pour la première, nous avons créé six dispensaires ; pour la seconde, des orphelinats. »

Des dispensaires pour les malades, des orphelinats pour les enfants, voilà donc à peu près l'unique champ où les Pères Capucins de la province entière d'Agra pouvaient exercer leur apostolat et goûter la consolation de préparer quelques âmes pour le ciel. Dans les dispensaires on apportait de fort loin les enfants malades. Tous les jours on en baptisait qui mouraient immédiatement après leur baptême. On y soulageait en moyenne 60.000 pauvres souffrants, chaque année.

Mais la prédication dans les villes et les villages était par suite complètement négligée, faute d'ouvriers. Un missionnaire de Lahore écrivait en 1890 : « Pour tout le Pendjab, il n'existe que deux écoles, fréquentées par les Européens. Pour les indigènes absolument rien... Jusqu'ici on n'avait jamais prêché dans un village. » Les prêtres, trop peu nombreux, dispersés sur un territoire immense, presque tous fixés dans des villes de garnison, remplissant les fonctions d'aumôniers militaires auprès des troupes anglaises, ne pouvaient pas, malgré toute leur bonne volonté, s'occuper sérieusement de la conversion des indigènes. Dans le but de commencer cette évangélisation, la Sacrée Congrégation de la Propagande fit appel à de nouveaux missionnaires, et les Capucins de France, ceux du Tyrol, les prêtres anglais de Mill-Hill répondirent à cet appel. Aux premiers fut confiée la préfecture du Rajpoutana ; aux seconds, celle de Bettiah ; aux troisièmes, celle du Kafiristan et Cashmire.

Disons quelques mots sur la situation présente de chacune d'entre elles.

Quand les Capucins français arrivèrent au Rajpoutana, ils ne trouvèrent aucune école, aucun orphelinat. Nous l'avons dit, leurs prédécesseurs n'avaient eu ni le loisir, ni la facilité d'établir des Missions pour les indigènes.

En 1900, après des efforts persévérants, une dizaine
d'églises et de chapelles étaient déjà construites, huit
grandes stations étaient créées avec des écoles, trois
orphelinats étaient bâtis ponr recueillir les enfants et
les arracher à la famine. Les écoles renfermaient
600 élèves et les orphelinats environ 700 garçons et filles.

C'est aux Pères Capucins de la province du Tyrol
que la Propagande a confié l'évangélisation des districts
himalayens de l'ancienne mission de Patna. La nouvelle
préfecture apostolique prit le nom de sa chrétienté
principale, Bettiah. Des centres de vie chrétienne ont
pris naissance et des chapelles ont été élevées dans une
vingtaine de villes, notamment à Rampour, à Chakni,
à Durbhunga, à Ramnagar et Dossaia. Le R. P. Hila-
rion, premier préfet apostolique de Bettiah, gouverne
depuis quatorze ans cette mission himalayenne.

La préfecture apostolique du Kafiristan et Cashmire
a été érigée en 1887 et remise aux missionnaires
anglais de Mill-Hill. Cet immense territoire, encore
inexploré, s'étend entre les Himalayas au Nord, le
Beloutchistan et l'Afghanistan à l'Ouest, les diocèses
d'Agra et de Lahore au Sud.

Pour que les missionnaires aient une base d'opéra-
tions, le diocèse de Lahore a cédé à la préfecture quatre
stations militaires situées dans le Nord du Pendjab.
En dehors de ces quatre stations, il n'y avait encore,
en 1890, qu'un poste de missionnaires à Leh. Aujour-
d'hui on en compte dix principaux et cinq secondaires.
Le préfet actuel réside à Rawal-Pindi. Un collège est
établi à Murree, il compte 40 élèves ; des orphelinats
ont pareillement été bâtis à Rawal-Pindi pour les filles
et à Yusufpur pour les garçons.

Mais dans tous ces territoires où s'exerce le zèle des
Pères Capucins, que de villages, et même de grandes
villes, dans lesquels l'Evangile n'a jamais été annoncé !
La population y est très dense, en même temps que
très superstitieuse, et très attachée aux cérémonies du
culte des faux dieux. Ces contrées encore vierges ne
verront-elles pas se lever une légion d'apôtres qui leur
apporteront un peu d'espérance ?

CHAPITRE V

Province ecclésiastique
du Bengale ou de Calcutta.

La province ecclésiastique du Bengale comprend la province anglaise de ce nom, plus le Boutan et l'Assam sur les frontières du Thibet, et l'Arakan, le long de la côte orientale du golfe du Bengale. Elle compte environ 63.000.000 d'habitants, sur lesquels 138.000 sont catholiques.

Le Bengale fut évangélisé, au siècle dernier, par les religieux de la Compagnie de Jésus ; mais, après la destruction de leur Ordre, ce pays demeura abandonné aux prêtres de Goa, dont la présence causa parfois des scandales. En 1834, le Bengale fut érigé en vicariat apostolique, mais son premier titulaire ne put arriver dans le pays qu'en 1840. C'était Mgr Carrew, de la Compagnie de Jésus. Depuis cette date, les Jésuites belges sont toujours restés chargés de cette mission.

En 1850, le Bengale oriental fut érigé en vicariat distinct et confié à la Congrégation de Sainte-Croix du Mans.

En 1870, le Bengale central fut érigé en préfecture apostolique et donné aux Missions Étrangères de Milan.

Enfin lorsqu'on établit la hiérarchie, la province ecclésiastique du Bengale se trouva ainsi constituée : archevêché, Calcutta ; deux évêchés suffragants, Krishnagar et Dacca, auxquels vint s'ajouter, en 1889, la préfecture apostolique d'Assam remise aux soins de la société du Divin Sauveur de Rome.

Dans le territoire de ces quatre diocèses, il n'y avait en 1870 que 20.000 catholiques. Leur nombre s'élève à 49.544 en 1890, à 70.680 en 1900, à 137.861 en 1907, dont 120.000 pour le seul diocèse de Calcutta.

Fidèles à leur histoire, les Jésuites belges ont développé à Calcutta les œuvres de l'enseignement. Le célèbre collège Saint-François-Xavier est affilié à l'Université et compte 826 élèves ; plusieurs catholiques témoins des succès de ce collège sollicitèrent la fondation d'une autre maison d'éducation à Darjeeling, dans une position plus salubre aux flancs de l'Himalaya. Elle renferme aujourd'hui plus de 200 élèves.

Pour les filles, il y a les Sœurs de Lorette avec trois pensionnats, à Calcutta, à Darjeeling et à Assensole. Les Petites Sœurs des Pauvres soignent 50 malheureux, et les Filles de la Croix, 324 orphelins. Enfin, dans le diocèse, 151 écoles instruisent 7.179 enfants, garçons et filles.

L'œuvre des missionnaires est extrêmement difficile au Bengale, par suite du fanatisme des Hindous et des Musulmans. Les premiers sont à peu près impénétrables aux véritables idées religieuses. Ils assistent bien avec une certaine décence aux manifestations du culte catholique, qu'ils estiment et qu'ils aiment, mais ils ne peuvent songer à devenir *parias* pour embrasser le christianisme. Si le Coran s'est fait accepter au Bengale, au moment et à la suite de l'envahissement de l'Inde par les Mahométans aux VIIe et VIIIe siècles, ce n'est que par la force du glaive et par la tolérance de l'Islamisme pour la plus violente et la plus tyrannique de nos passions. Ses progrès ont cessé le jour où cessèrent sa puissance et sa domination. Mais, de même que les Hindous, les Musulmans ne se convertissent point. On ne peut faire du bien aux âmes, dans le Bengale, que par l'œuvre des orphelinats, des hospices et des écoles. Et encore, ne peut-on avoir accès qu'auprès du paysan. Sans doute la semence jetée par les missionnaires, arrosée de leurs larmes et de leurs sueurs, ne périt pas, elle lèvera le jour assigné par la divine Providence.

Ce jour sembla luire pour un peuple pauvre et cultivateur, le peuple des Uraons et des Kôles. Le P. Lievens qui leur prêchait l'Evangile gagna complètement leur confiance, par sa connaissance de leurs usages et de leurs lois, il les convertissait par milliers, chaque année. Malheureusement, une mort prématurée l'a enlevé à la fin du siècle dernier et de ce fait les conversions en masse se sont arrêtées.

Dans le diocèse de Dacca, les résidences sont au nombre de 12. Les stations desservies de chacune de ces résidences dépassent la trentaine.

Dans la nouvelle préfecture de l'Assam, les prêtres sont encore rares, 9 en 1900, 16 en 1907. Actuellement on y compte 9 écoles et 200 élèves, 25 églises ou chapelles et 1801 catholiques sur une population de 7.000.000 d'habitants.

Le Bengale est soumis à une puissance protestante. Calcutta est la résidence du vice-roi des Indes, la capitale de l'Inde anglaise. Mais nous devons reconnaître que, loin d'avoir été entravée par l'autorité anglaise, l'œuvre des missionnaires catholiques, belges, français ou italiens, a toujours joui de la plus entière liberté. Les meilleurs conseils lui ont même souvent été donnés de bon cœur. Evidemment, le lieutenant-gouverneur ne protégera pas le missionnaire catholique toujours et en dépit de tout, même s'il appartient lui-même à la religion romaine-catholique, mais il est juste, affable, généreux, et c'est tout ce que nous demandons.

CHAPITRE VI

Province ecclésiastique de Bombay.

Le Saint-Siège confia le vicariat de Bombay à la Compagnie de Jésus, en 1858. A l'établissement de la hiérarchie, en 1886, la province ecclésiastique fut ainsi constituée : archevêché, Bombay ; un évêché suffragant, Poona. A cette province furent plus tard rattachés, à des époques différentes, Mangalore et Maduré.

Comme dans toutes les Missions où les Jésuites exercent leur apostolat, l'enseignement de la jeunesse est grandement en honneur dans toute la province. Dans l'archidiocèse de Bombay, il existe 4 grands établissements d'éducation :

1° A Bombay même, le collège Saint-François-Xavier, affilié à l'Université, et qui compte plus de 1.500 élèves ;

2° A Mazagon, le collège Sainte-Marie, avec 250 pensionnaires et 300 externes ;

3° A Bandora, l'institut Stanislas, avec 100 orphelins, 30 pensionnaires et 200 externes ;

4° A Kurrachi, l'école Saint-Patrice, qui a 240 externes.

Il y a en outre 29 écoles de garçons et 3.497 élèves.

Deux Congrégations de religieuses s'occupent des jeunes filles :

1° Les Sœurs de Jésus-Marie ont 4 pensionnats avec externats annexes et 400 élèves ;

2° Les Filles de la Croix possèdent 3 maisons et 655 élèves.

Une imprimerie catholique est jointe au collège Saint-François-Xavier. Elle fait paraître chaque semaine trois journaux pour répondre aux objections des protestants et aux calomnies des païens.

De plus, 27 conférences de Saint-Vincent de Paul prennent soin des pauvres et plusieurs confréries d'hommes et de femmes servent à grouper les catholiques et à les maintenir dans leur ferveur.

Le diocèse de Poona renferme une école supérieure tenue par les Jésuites avec 350 élèves.

Les Sœurs de Jésus-Marie ont deux maisons d'éducation pour les jeunes filles et 300 élèves.

Enfin, 90 écoles paroissiales contiennent 600 enfants : garçons et filles.

Le diocèse de Mangalore, dirigé par les Jésuites de la province de Venise, a le collège de Saint-Louis de Gonzague, affilié à l'Université de Madras. Cet établissement s'est placé rapidement au rang des meilleures maisons d'éducation de l'Inde anglaise. Il compte en ce moment 300 élèves.

Une imprimerie rattachée au collège, 5 orphelinats où sont élevés 37 petits garçons et 163 filles, 5 hôpitaux, dont un pour soigner les lépreux, permettent désormais de lutter contre la propagande protestante.

Il y a encore dans le diocèse un couvent de Carmélites, à Mangalore, avec 21 religieuses. Les Sœurs indigènes du tiers-ordre du Carmel s'occupent avec succès de l'éducation des filles, en particulier de celles de la caste des brahmes.

Enfin le diocèse du Maduré ou de Trichinopoly a le grand collège Saint-Joseph qui contient 1.850 élèves dont 600 sont chrétiens et dont un millier appartient à la caste des Brahmes.

Il est difficile de mesurer exactement le bien accompli par ces grands collèges. Dans l'Inde, ils ont relevé le prestige du catholicisme. Ils ont concilié aux missionnaires l'estime de tous, surtout des Anglais et même des païens. Par les élèves qui en sortent ils ont étendu fort loin leur influence. Des vocations sacerdotales et religieuses en ont jailli nombreuses. Et, nous devons l'avouer, peu de collèges européens offrent le spectacle d'élèves aussi studieux et de catholiques aussi fervents.

Directement, on n'essaie point, dans les collèges, de convertir les païens. L'influence de la véritable religion est sur eux indirecte et lente ; elle mine et détruit peu à peu en eux l'idée païenne, elle les fait de plus en plus rougir d'un culte dont ils sentent la honte. Tandis que, des écoles protestantes, les païens sortent sceptiques ou athées, convaincus de l'inanité des Védas, mais n'ayant rien à leur substituer, ils sortent de l'école catholique émus d'une vérité qui les effraie, mais qui les subjugue. Ils ont du moins la vision confuse de la religion véritable. Personne ne peut prévoir quelle conséquence aura, un jour, sur la race ce sentiment collectif, trop fortement ressenti pour n'être pas durable. Il a, en tout cas, déjà produit quelques effets, puisqu'il a provoqué, à Trichinopoly, la conversion de 58 Brahmes.

« Chacun sait quelles chaînes rivent les Brahmes au paganisme. Il leur est plus facile de mourir que de les rompre. Aussi jusqu'à ces vingt dernières années, aucun Brahme n'avait pu être converti, bien que maints élèves du collège eussent montré des préoccupations, indice d'un violent travail de la grâce. En 1891, deux jeunes Brahmes étaient baptisés, l'un à Panjampatti, l'autre à Madura. Le premier, nommé *head master* de l'école catholique de Ramnad, apostasiait peu après, le second, après avoir résisté à de terribles assauts, épousait une Brahmine chrétienne. Il est actuellement catéchiste d'une paroisse de Trichinopoly.

« Plusieurs élèves brahmes manifestaient aussi la volonté de se convertir. Un d'eux, résolu à tout sacrifier pour sauver son âme, s'était exilé à Ceylan et y avait épousé une femme de caste inférieure. Il devenait urgent de former un noyau de Brahmes chrétiens, capables de se soutenir les uns les autres et de sauvegarder ensemble leurs privilèges sociaux. Trois catéchumènes se préparaient dans la prière. Le 19 août 1894, à l'occasion d'une cérémonie païenne, ils se déclarent catholiques. Aussitôt la grande pagode de Trichinopoly pousse le cri d'alarme. Une émeute de 400 païens se forme. On saisit les néophytes, on les accable de coups, on les sépare. La police parvient avec peine à les délivrer. Le 3 septembre, un brahme, sa femme et sa fille les imitent. L'émeute éclate de nouveau. On se saisit de la Brahmine et, pendant quatre mois, on lui fait subir les pires épreuves.

« En 1895, autre baptême. Comme ses frères dans la foi, le nouveau converti est enlevé, persécuté, renié par sa caste. Mais rien n'ébranle sa volonté. En 1896, un jeune Brahme s'enfuit et se fait baptiser à Pondichéry. Sa parenté l'y rejoint, lui expose les maux qu'il va causer à sa jeune femme, une enfant de huit ans. On l'obsède tellement qu'il revient au paganisme. Mais, avant la fin de l'année, trois nouvelles conversions consolaient de cette défection momentanée. Depuis, trois Brahmes ou Brahmines ont été baptisés en 1897, quatre en 1898, six en 1899, deux en 1900.

« De ces 28 néophytes, trois seulement ont apostasié ; quatre sont morts, dont une femme empoisonnée probablement. Tous avaient enduré d'effrayantes persécutions. Tous avaient été rejetés de leur caste, déshérités, reniés par leur famille.

« Mais la Mission avait compassion d'eux. Au prix de grands sacrifices, elle acheta, au centre de Trichinopoly, un vaste terrain abandonné qu'elle a transformé en véritable village aux rues droites, aux maisonnettes blanches et propres, à la jolie petite chapelle. Le *Toppou* des Brahmes est pauvre, mais on y respire le parfum du Ciel. Les Brahmes païens y viennent. Ils voient que leurs frères convertis y conservent leur noblesse et qu'ils n'ont rejeté du Brahmanisme que l'erreur. En tout cas, ce groupe courageux a ouvert la brèche et cet événement a été si considérable que l'Inde entière en a retenti. Les missionnaires des diocèses voisins en ont exprimé leur joie. Ceux de Trichinopoly en ont béni Dieu.

« Sans doute, il ne faut pas s'exagérer l'importance de ce succès, ni s'imaginer que la caste entière des Brahmes, apôtre à son tour, va bientôt entraîner les Soudras au baptême. Trop de liens retiennent les Brahmes dans l'erreur pour qu'on puisse s'attendre à les leur voir briser. Seule peut-être l'humiliation pourrait sauver cette caste, et rien ne fait prévoir pour eux le temps de cette humiliation rédemptrice. Néanmoins les clameurs que ces succès font pousser aux païens prouvent leur importance. Les missionnaires qui ont voué leur vie à cette œuvre méritent qu'on les encourage et qu'on les assiste. Un jour peut-être le *Toppou* des Brahmes catholiques sera arrosé de leur sang.

« Quoi qu'il en soit, ces conversions sont l'œuvre du collège Saint-Joseph de Trichinopoly et il était juste de lui en attribuer le mérite (1). »

Nous avons vu que les grands collèges dirigés par les Pères Jésuites étaient tous affiliés aux grandes Universités de Bombay ou de Madras. L'affiliation

____

(1) PIOLET, *op. cit.*, article du P. Suau.

soumet le collège à l'inspection de l'Université ; elle le force à suivre les programmes officiels. Cette mesure lui serait pénible si le gouvernement anglais avait l'esprit tracassier. Mais la liberté, en Angleterre, n'est pas un mot menteur. On la comprend et on la respecte, et aucune expression ne saurait rendre la reconnaissance des missionnaires catholiques pour la loyale protection que le gouvernement anglais accorde à leurs collèges. Comprenant que son devoir n'est pas de supprimer l'initiative privée, mais de l'aider, le gouvernement accorde à chaque professeur un *grant*, ou secours pécuniaire, correspondant au tiers ou au quart de son salaire. Il accorde de plus à chaque collège un autre *grant* correspondant à ses succès scolaires. Impossible de résoudre d'une façon plus équitable la question des bourses.

Dans les collèges ainsi affiliés, les païens furent admis. Bientôt les succès eurent placé ces collèges au premier rang. Les gouverneurs de Madras en particulier témoignèrent plusieurs fois leur haute satisfaction au Recteur du collège Saint-Joseph. Bien plus, en 1881, ce Père était nommé fellow (membre) de l'Université de Madras. Un an après le vice-roi le désignait pour faire partie d'une commission extraordinaire de 22 membres chargée d'étudier les questions d'enseignement.

Mais souvent à côté du collège catholique il existe un collège protestant. De là des luttes, des faux bruits répandus sur l'école dirigée par des prêtres. Mais malgré cette opposition le succès final vient donner raison aux catholiques et calmer l'effervescence des protestants.

L'œuvre entre toutes poursuivie en terre païenne, c'est celle des conversions. Les païens avouent presque tous la bonté et la supériorité de notre religion, seulement son austérité les éloigne et surtout ils craignent, en l'embrassant, de perdre leur caste, qui est pour eux plus précieuse que la vie, et l'on peut dire que même dans la province de Bombay, même au Maduré, le paganisme règne et personne ne peut dire sous quels coups de la Providence finira sa domination.

La province de Bombay, une des plus florissantes de toute l'Inde, compte en ce moment 338.913 catholiques dont 233.000 pour la seule Mission du Maduré, la terre de prédilection qu'évangélisa autrefois le Bienheureux Jean de Britto et qu'il arrosa de son sang.

CHAPITRE VII

Province ecclésiastique de Madras.

La province ecclésiastique de Madras est une de celles où l'évangélisation est le moins avancée. Son territoire relevait autrefois de l'évêché portugais de Saint-Thomas de Méliapour, mais, en 1800, il n'y avait encore aucun catholique sauf quelques soldats irlandais et aucun prêtre, sauf deux ou trois chapelains, attachés à l'armée anglaise.

En 1832, Grégoire XVI érigea Madras en vicariat apostolique, mais le vicariat ne fut définitivement constitué qu'en 1834 par Mgr Daniel O'Connor, augustin. Ce prélat, ayant donné sa démission en 1840, fut remplacé par Mgr Carrew, de la Compagnie de Jésus, qui fut transféré, la même année, à Calcutta. Le vicariat de Madras fut donné alors à des prêtres séculiers de différentes nations mais irlandais pour la plupart.

De 1841 à 1882, Nosseigneurs Jean et Etienne Fennely, les deux frères, se succédèrent à la tête du vicariat. Ils consacrèrent leur fortune au développement des œuvres de la mission. Leur sollicitude se porta principalement sur la fondation d'écoles et d'orphelinats, afin de lutter contre la propagande protestante.

En effet, pendant les quarante premières années du siècle, les protestants profitèrent habilement de l'absence des missionnaires pour couvrir la province de Madras de temples et d'écoles richement entretenus. Comme l'écrivait, en 1860, un des chapelains de l'évêque anglican, « la présidence de Madras est par excellence le diocèse des missionnaires (protestants) de l'Inde. » Heureusement, il semble prouvé que les protestants, à leur ordinaire, ont fait plus de bruit que de besogne, si l'on s'en rapporte au témoignage, très désintéressé, de sir Baber, président de la cour de Madras, déclarant au Comité de la Chambre des Lords que « un converti par nos missionnaires est chose inconnue dans le pays ». Cet aveu d'impuissance totale est confirmé par les prédicants eux-mêmes : « Quant à des conversions réelles, écrivait de Madras un ministre, l'un de nous prétend qu'on n'en trouverait pas plus de deux ou trois dans toute la ville et les faubourgs ; un autre ajoute : une demi-douzaine au plus. »

Le catholicisme, sans avoir à son service les immenses ressources de l'hérésie, travailla avec plus de résultats. A mesure que le vicariat de Madras s'organisait, le nombre des catholiques, infime au début, devint assez considérable pour qu'au bout de quinze ans, la Sacrée Congrégation érigeât dans la province deux nouveaux vicariats : Vizagapatam (1847) qui fut donné aux Missionnaires de Saint-François de Sales d'Annecy, et Hyderabad (1851), qui fut confié aux Missions Étrangères de Milan.

Les choses allèrent ainsi jusqu'à l'établissement de la hiérarchie. A cette époque, la mission de Vizagapatam fut divisée en deux, et la province se trouva ainsi constituée : archevêché, Madras ; trois évêchés suffragants : Hyderabad, Vizagapatam et Nagpour.

Des missionnaires de race anglaise semblent naturellement désignés pour l'évangélisation des Indes. Aussi, quand la première société de prêtres pour l'apostolat lointain fut créée près de Londres, à Mill-Hill, par le docteur Herbert Vaughan, plus tard cardinal-archevêque de Westminster, les évêques de la grande colonie britannique eurent-ils hâte de lui demander de jeunes et vaillants apôtres. En 1875, le vicaire apostolique de Madras, Mgr Fennelly arrivait en Europe dans l'intention de recruter des ouvriers auxiliaires. Il vit Mgr Vaughan et lui offrit dans le champ immense sur lequel s'étendait sa juridiction un vaste territoire habité par les pauvres Télougous. Dieu bénit visiblement les nouveaux apôtres qui entreprirent le défrichement de cette terre sauvage ; un succès extraordinaire récompensa leurs efforts. L'un d'eux, le P. Théophile Meyer, fut nommé vicaire général en 1882, puis évêque auxiliaire en 1893. Il mourut en 1900 et fut remplacé par un vieux missionnaire de Madras, précédemment fondateur de la maison Saint-Joseph de Rozendaal aux Pays-Bas, le P. Aelen, aujourd'hui coadjuteur du vénéré archevêque Colgan.

Plusieurs congrégations d'hommes et de femmes travaillent aussi dans l'archidiocèse de Madras.

Les Frères irlandais de Saint-Patrice et les Frères indigènes de l'Immaculée Mère de Dieu dirigent les écoles de garçons et des orphelinats.

Les Sœurs européennes du Bon-Pasteur, les Sœurs de la Présentation, les Sœurs indigènes de Sainte-Anne, de Saint-Louis de Gonzague, du Saint-Cœur de Marie tiennent des écoles très fréquentées.

Dans le diocèse d'Hyderabad, la principale des douze églises est la cathédrale Saint-Joseph, bâtie entièrement au moyen de souscriptions spontanées. A Secunderabad (5.000 catholiques), l'église gothique de l'Assomption a une origine plus touchante encore : ce sont surtout les offrandes des pauvres soldats irlandais qui ont permis de l'édifier de 1840 à 1850.

Comme établissements d'instruction, l'Institut de Tous-les-Saints, fondé à Chuddergaut, tient le premier rang. On compte dans le diocèse cinq écoles supérieures avec 670 élèves et vingt-huit écoles élémentaires avec plus de 700 enfants.

Le territoire de Vizagapatam, évangélisé aujourd'hui par les missionnaires de Saint-François de Sales d'Annecy qui y arrivèrent pour la première fois le

8 février 1846, équivaut par son étendue à plus des trois quarts de la France et comprend 22 millions d'habitants. C'est là qu'ont habité les Calinges et les Sadars, à la fois commerçants et pirates, qui se retrouvent encore dans les montagnes sous les noms de Panhos et de Bainiah, — les Khondes, nomades, qui vivent dans les bois de chasse et de culture, agiles et forts, francs et loyaux, adonnés encore aux sacrifices humains, malgré les efforts de l'Angleterre, accessibles pourtant à l'Évangile, — les Telougous, sectateurs du bouddhisme — les Oryas, dont l'ancienne capitale, Pouri, est célèbre par son fameux temple de Jaggernath.

Le système des castes est toujours en vigueur chez ces divers peuples dont la religion ressemble à celle du reste de l'Inde. Parmi eux, on compte un nombre assez considérable de Musulmans et de Parsis, adorateurs du feu.

Quand les prêtres d'Annecy arrivèrent dans ces contrées, à peine desservies par deux ou trois prêtres du vicariat de Madras, ils ne trouvèrent aucune église, aucune chapelle. Il fallut organiser des résidences, visiter les rares chrétiens très clairsemés, lutter contre l'influence sectaire de quelques officiers anglais et la fourberie indienne qui les dépouillait de leurs modestes ressources.

On se mit à l'œuvre et courageusement. Pour l'éducation des garçons on créa le collège Saint-Louis de Gonzague, à Vizagapatam, fréquenté aujourd'hui par 210 élèves, internes ou externes, avec école de télégraphie, cours de gymnastique, classe de musique, fanfare. Plus tard s'ouvrait l'*Ecole industrielle Mgr Tissot* où l'on apprend les arts et métiers. A Vizagapatam, fonctionne aussi une sorte d'école normale d'instituteurs. Divers établissements d'instruction renferment plus de 800 élèves sans compter les 600 qui peuplent les écoles indigènes des villages au pays des Khondes.

Nagpour est également favorisé avec son beau *collège de Saint-François de Sales,* créé en 1870, affilié à l'université de Calcutta, fréquenté par plus de 300 élèves qui peuvent arriver jusqu'au *First Arts.* A côté, un externat est ouvert aux indigènes qui suivent les cours primaire et secondaire. A Kampti, l'école Saint-Joseph compte près de 200 élèves ; à Jubbulpour, l'école Saint-Louis de Gonzague abrite un nombre égal d'enfants qui vont du cours élémentaire au cours supérieur. Ajoutez 16 villages qui possèdent chacun son école paroissiale, enfin l'orphelinat agricole de Thana.

Bientôt on comprit qu'il était nécessaire d'avoir des religieuses pour l'instruction des filles. Mgr Neyret, jadis aumônier des Sœurs de Saint-Joseph à Evian, fit appel au dévouement de cette Congrégation. De 1845 à nos jours plus de cent cinquante religieuses de Saint-Joseph, fournies par les Communautés de Chambéry, de Maurienne, d'Annecy, sont parties pour les missions de l'Inde. D'autres les ont imitées, et les deux diocèses de Vizagapatam et de Nagpour ont des écoles pour les filles de toutes les castes.

La mission de Madras qui n'avait pour ainsi dire pas un seul catholique en 1800, en comptait 53.000 en 1870, 70.000 en 1890, 78.300 en 1900 et actuellement, en 1907, 82.720. C'est ainsi que les différents apôtres de la province, Anglais de Mill-Hill, Italiens de Milan, Français de Savoie, tous animés de l'esprit de zèle, s'unissent pour gagner des âmes à Jésus-Christ. Daigne la Providence féconder toujours leurs travaux, leur amener de nombreuses vocations et conserver à chacun de leurs membres le feu sacré de l'apostolat.

CHAPITRE VIII

Province ecclésiastique de Pondichéry.

La Société des Missions Etrangères de Paris dirige dans le Sud de l'Inde quatre missions : Pondichéry, Maïssour, Coïmbatour et Kumbakonam, auxquelles il faut ajouter Chandernagor, Yanaon sur la côte de Coromandel à l'Est et Mahé sur la côte de Malabar à l'Ouest, villes françaises, derniers restes de l'empire colonial ébauché par Dupleix.

Le territoire des quatre missions renferme une population de 15 millions d'âmes, et au point de vue civil il relève du gouvernement français, de la Présidence de Madras dans les possessions anglaises et du gouvernement de Maïssour placé sous le protectorat de la Grande-Bretagne.

Après la suppression de la Compagnie de Jésus, en 1773, le gouvernement français résolut d'attribuer la succession des Jésuites aux Indes à la Société des Missions Etrangères. Celle-ci fit des difficultés, alléguant que déjà ses membres ne suffisaient pas à leur tâche en Extrême-Orient et que d'ailleurs son but spécial, la formation d'un clergé indigène, serait particulièrement difficile à atteindre dans l'Inde. Sartine, ministre de la marine, insista ; la Société accepta et les lettres patentes furent signées par Louis XVI, au mois de mars 1776.

Aussitôt Rome nomma supérieur de ces vastes contrées un ancien vicaire apostolique du Siam, Mgr Brigot, qui décida les anciens Jésuites à rester à Pondichéry et à lui prêter leur concours. De son côté le séminaire des Missions Etrangères envoya une dizaine d'apôtres, mais tous n'avaient pas quitté la France que notre colonie était devenue anglaise.

Après s'être emparés de Karikal et de Chandernagor, les Anglais avaient mis le siège devant Pondichéry qui capitula le 17 octobre 1778. La situation de Mgr Brigot devait dès lors être fort délicate ; mais par sa patience, son zèle discret et persévérant, l'évêque s'attira l'estime et la bienveillance des vainqueurs qui d'ailleurs rétrocédèrent Pondichéry à la France à la fin des guerres de l'Empire.

Le territoire dont les missionnaires étaient chargés fut augmenté par l'adjonction forcée du Coïmbatour et du Maïssour où 20.000 chrétiens n'avaient point de prêtres ; bientôt après le Maduré avec ses 100.000 catholiques leur fut également confié, et pour toutes ces régions il n'y avait qu'une dizaine de missionnaires, âgés pour la plupart. Au Maïssour, le P. Dubois avait à lui seul la charge de tous les catholiques de ce royaume. De France aucune recrue ne venait. Les guerres de l'Empire absorbaient trop d'hommes pour que le sanctuaire et l'apostolat pussent avoir leur part. Avec la Restauration, la France recouvra aux Indes quelques lambeaux de ses anciennes colonies, mais la situation religieuse n'en fut pas notablement modifiée.

Tel fut, jusqu'en 1830 environ, l'état assez attristant des églises du sud de l'Inde, confiées à la Société des Missions Etrangères de Paris. A cette date, un plus grand nombre de missionnaires arrive d'Europe, entre autres, Mgr Bonnand, de qui l'un de ses successeurs, Mgr Laouënan a pu dire : « C'est lui qui a jeté l'Inde dans le mouvement catholique. »

Nous ne croyons pas outrepasser les limites de l'exactitude la plus rigoureuse, ni froisser aucune légitime susceptibilité, en disant que l'épiscopat de Mgr Bonnand (1830-1861) a été pour le catholicisme le plus fécond de tous ceux que l'Inde ait eus à enregistrer, depuis plus de deux siècles, le plus remarquable par l'ensemble des graves questions qui furent traitées, des solutions complètes ou partielles qui furent données, des œuvres nouvelles créées, œuvres de grande valeur et en elles-mêmes et par leurs résultats, non seulement dans son vicariat et dans les Missions de l'Inde confiées à la Société des Missions Etrangères, mais dans les Missions de l'Inde entière. Nommons-les : la lutte contre les Goanais, l'érection des vicariats apostoliques, les synodes, les règlements, les écoles, la presse, les œuvres de charité et de prière ; les visites faites à Ceylan et dans toute l'Inde au nom du Saint-Siège, et plusieurs autres fort importantes.

« Mgr Bonnand a beaucoup agi, il a aussi beaucoup écrit ; ses lettres, ses mémoires, ses rapports, ses journaux forment une grande partie des archives de la Mission de Pondichéry, et partout ceux qui l'ont connu y ont retrouvé son calme d'où la vigueur n'était point absente, sa dignité de parole et de tenue, le sérieux qu'il portait en toutes choses. Parmi ces principales actions, notons son voyage au Maduré, où il va conduire et établir les Religieux de la Compagnie de Jésus, auxquels Rome vient de rendre cette Mission autrefois évangélisée par eux ; puis ses lettres pastorales et ses visites dans le Sud de l'Inde pour faire accepter par les catholiques le Bref *Multa præclare*, du 24 avril 1838, qui supprime la juridiction des évêques portugais dans les lieux dépendant des Vicaires apostoliques ; le synode de Pondichéry en 1844, qui, sous son inspiration, prit des décisions pratiques très importantes, et enfin, en 1845, la division de son vicariat, mesure à laquelle il contribua beaucoup, puisqu'il la demanda en l'appuyant sur les raisons les plus fortes (1). »

A la même époque, le vicariat de Pondichéry comptait 83.000 catholiques, et ceux de Maïssour et de Coïmbatour, formés du démembrement de celui de Pondichéry, 13.500 et 16.000.

Les trois évêques de ces vicariats se mirent immédiatement au travail pour réaliser les œuvres prescrites par le Synode de 1844.

L'article sur lequel cette assemblée avait le plus insisté était la formation du clergé indigène. Un séminaire fut établi dans chaque vicariat et un excellent enseignement y fut donné, qui comprenait le français, l'anglais, les mathématiques, l'histoire et la géographie.

Le Synode avait également exprimé le désir qu'on s'occupât de l'instruction des filles. C'était attaquer cet antique préjugé de l'Inde qui condamne la femme à une ignorance absolue et attache au front de celle qui sait lire le stigmate de l'opprobre et du déshonneur. Mgr Bonnand et ses collègues gagnèrent d'abord quelques parents qui timidement consentirent d'abord à laisser aller leurs jeunes filles à l'école ; après quelques mois d'études, les élèves eurent appris quelque chose, ce qui flatta les familles. Plus tard ces filles devenues grandes s'empressèrent de proclamer leur science et

____

(1) PIOLET, *Missions catholiques françaises*, t. II, p. 212.

amenèrent de nouvelles recrues. A Pondichéry, les Religieuses de Saint-Joseph de Cluny, fixées dans l'Inde depuis 1827, formèrent de nouveaux établissements. Au Maïssour, Mgr Charbonnaux appelait de France les Religieuses du Bon-Pasteur d'Angers, qui fondèrent un orphelinat, un refuge, des écoles et créèrent sous le nom de Sœurs de Sainte-Anne un petit institut composé d'Indiennes. Au Coïmbatour, le Père Ravel instituait la Congrégation des Sœurs de la Présentation de la Sainte Vierge.

Les œuvres de prières, de zèle et de charité se développaient donc dans les trois vicariats et, de 1830 en 1860, 35 églises et 60 chapelles y furent construites.

En 1873, les Missions de Pondichéry possédaient 134.033 chrétiens, celle de Maïssour 26.563, et celle de Coïmbatour 21.000 : à elles trois 181.596. Mais alors un progrès sensible se fait remarquer dans les conversions de païens surtout parmi les parias, et en 1886 le nombre des fidèles, dans les trois vicariats, s'élevait à 258.305. Jamais en aucun temps un pareil mouvement des païens vers la Foi catholique n'avait apporté une aussi grande consolation aux missionnaires.

Depuis 1886, année où la hiérarchie fut établie dans les Indes, les Missions confiées aux Missions Etrangères de Paris forment une Province ecclésiastique, composée d'un archidiocèse, Pondichéry, et de trois diocèses suffragants, Maïssour, Coïmbatour et Kumbakonam. Ce dernier a été érigé en 1899 ; il est formé d'une partie du territoire de l'archidiocèse de Pondichéry. Les évêques de ces quatre diocèses ont chacun un seul vicaire général qui réside près d'eux.

La vie des missionnaires dans l'Inde n'a jamais offert les péripéties, les dangers et les souffrances des ouvriers apostoliques évangélisant les pays que désole la persécution, la Chine ou la Cochinchine, par exemple. Sous ce rapport elle s'écoule paisible, fatigante seulement par le travail, les marches pénibles sous les ardeurs brûlantes du soleil.

La nourriture des missionnaires, dans les villes, est assez peu variée : le riz cuit à l'eau et le mouton assaisonné de sauces plus ou moins épicées en font la base et le sommet. Dans les campagnes, elle est plus monotone encore et réellement pauvre : du riz, une sauce pimentée qu'on appelle le *moulagoutanir,* du carry avec ou sans viande. Presque aucun missionnaire ne mange de bœuf ou de veau, chose qui répugnerait extrêmement aux Indiens. On voit rarement du vin sur les tables, et, s'il y en a, on en prend quelques gorgées, généralement un verre à bordeaux ; la boisson ordinaire est l'eau.

Après que le jeune missionnaire a acquis une connaissance suffisante de l'anglais, du tamoul et du canara, il est placé à la tête d'un district composé de 2.000 chrétiens environ répartis dans 15, 20, 60 et même 70 villages. Quand il est présent au chef-lieu, il fait le catéchisme plusieurs fois par semaine, visite les malades auxquels il distribue des remèdes. Viennent ensuite les procès, les disputes et les autres ennuis fréquents dans l'Inde. Le prêtre laisse agir le conseil de la caste ou le catéchiste, et c'est ce qu'il y a de mieux à faire ; de cette manière, que les coupables se soumettent ou non, son prestige n'est pas diminué et son autorité n'est pas contestée.

Le missionnaire voyage, d'un village à l'autre dans son district, à pied, à cheval, en voiture ou en char à bœufs. Il se met généralement en route vers trois ou quatre heures du matin, s'arrête vers neuf heures, repart à deux heures en hiver, à trois heures en été, et s'efforce d'arriver au coucher du soleil, ou du moins avant la nuit close, à l'endroit où il veut se reposer, pour avoir le temps de se procurer la nourriture dont il aura besoin. S'il est obligé de faire une halte dans un village où il n'y a pas de catholiques, il se fait au milieu des maisons un abri avec des toiles pour éviter les regards des curieux, et surtout se garde de manger à la vue des étrangers, ce qui serait contraire aux usages indiens. Il passe la nuit enveloppé dans sa couverture, sous cet abri ou mieux encore dans son char, repart le lendemain matin de très bonne heure.

Arrivé dans la chrétienté, qu'il a eu soin de prévenir

et de faire préparer par un de ses catéchistes à l'administration des sacrements, il est accueilli solennellement par les fidèles qui viennent, musique en tête, le
saluer et recevoir sa bénédiction. Le lendemain
commence l'administration des sacrements, et après dix
ou douze jours le missionnaire part pour aller ailleurs
recommencer le même apostolat.

Tout ce qui vient d'être dit s'applique aux prêtres
indigènes, qui ont les mêmes travaux que les Européens
et sont obligés aux mêmes devoirs.

Les aides principaux des missionnaires et des prêtres
indigènes sont les catéchistes désignés selon leurs fonctions, par différents titres : Maniakaren, Kariaken,
Kovilpoulo, etc. Tous ces chefs sont nommés par les
fidèles, par le prêtre ou par l'évêque, et forment un
tribunal où les causes sont examinées et jugées.

Voici quel était le chiffre des catholiques dans ces
missions, à différentes époques de la fin du XIXᵉ siècle et
au commencement du XXᵉ siècle : sur quinze à seize
millions de païens on comptait, en 1890, 255.000 catholiques ; près de 300.000 en 1900, 312.000 en 1903
et 313.547 en 1907.

Plusieurs Congrégations de Frères et de Sœurs sont
des auxiliaires indispensables aux missionnaires et com-
plètent leurs œuvres d'apostolat.

A Pondichéry, il y a quatre Congrégations de femmes ;
des Carmélites ; des Sœurs indigènes du Saint et Imma-
culé Cœur de Marie, pour la plupart vouées à l'enseignement ; des Sœurs de Saint-Joseph de Cluny qui
s'occupent des hôpitaux et des écoles ; enfin la Congrégation de Saint-Louis de Gonzague, exclusivement
formée de Pariates et prenant soin des enfants de cette
caste.

Le diocèse de Maïssour possède une petite Congrégation de Frères de Saint-Joseph dont le but est l'éducation des garçons ; elle est composée d'Anglais et d'Irlandais. La Congrégation du Bon-Pasteur d'Angers a
deux couvents, et garde sous sa direction plusieurs
sociétés particulières ; celle de Saint-Joseph de Tarbes
a deux hôpitaux et deux pensionnats.

Dans le diocèse de Coïmbatour, les Frères Irlandais de Saint-Patrick dirigent un grand collège ; les Religieuses Franciscaines de Marie, deux écoles et trois dispensaires ; les Religieuses indiennes de la Présentation de la Sainte Vierge, des écoles pour les jeunes filles.

Les missions ou diocèses de Pondichéry, Kumbakonam, Maïssour et Coïmbatour sont donc loin de l'état plus que modeste, dans lequel les laissa le xviiie siècle. A cette époque, un évêque, une douzaine de missionnaires, pas de prêtres indigènes, 42.000 catholiques, un petit collège avec 40 élèves, un seul séminaire avec une dizaine d'élèves, pas d'écoles, pas d'hôpitaux, pas de dispensaires, pas d'orphelinats, quatre ou cinq églises dignes de ce nom, une trentaine de Religieuses dans trois couvents : c'était tout.

Aujourd'hui, année 1907, 1 archevêque, 3 évêques, 198 missionnaires, prêtres français, 61 prêtres indigènes, 310.916 catholiques, 1.009 églises ou chapelles, 287 écoles 16.917 élèves. S'il reste beaucoup à faire, on ne peut nier que beaucoup de travail fécond ait été accompli.

CHAPITRE IX

Province ecclésiastique de Verapoly et chrétientés de rite syro-malabar.

A leur arrivée dans les Indes, en 1499, les Portugais trouvèrent au Malabar environ 100.000 chrétiens, dits de Saint-Thomas. Tous étaient nestoriens et recevaient leurs évêques du patriarche de Babylone. Après de nombreuses prédications, le célèbre Alexis de

Menezes, archevêque de Goa, eut avec eux plusieurs conférences, à Quilon et dans d'autres lieux, et finit par les convertir au catholicisme. C'est en 1599, le 20 juin, au fameux concile de Diamper, que se fit la réunion des chrétiens de Saint-Thomas à l'Eglise romaine. Là on anathématisa solennellement toutes les erreurs de Nestorius, on supprima toutes les fêtes, toutes les coutumes, toutes les cérémonies, qui avaient une signification nestorienne, et on signa une profession de foi catholique dans laquelle on acceptait et publiait les décrets du saint Concile de Trente. En même temps on déclarait se séparer de l'obéissance du patriarche de Babylone pour se remettre à l'autorité du Pontife romain.

Mais la période de paix inaugurée par le synode de Diamper ne dura guère qu'un demi-siècle. Ce même synode avait introduit plusieurs usages de l'Eglise latine parmi ces chrétiens. Ceux-ci ne les acceptaient qu'avec répugnance ; puis peu à peu les murmures commencèrent. Il ne manquait plus qu'un homme qui eût le triste courage de se faire le chef de tous les mécontents, de les organiser et de les diriger dans leur révolte, et l'œuvre d'Alexis de Menezes était ruinée. Cet homme se rencontra. Un malheureux archidiacre de l'église de Cranganore, nommé Thomas de Campo, se mit à la tête de la rébellion, et le 22 mai 1653, un grand nombre de membres des plus importants parmi les chrétiens de Saint-Thomas s'assemblèrent à Alangata, dans un tumultueux conciliabule, et se rejetèrent dans le schisme.

L'Eglise romaine perdait ainsi la plus ancienne chrétienté des Indes. Le pape Alexandre VII, sentant le besoin de séparer la question religieuse de la question politique, chercha dans sa sollicitude pastorale à réparer ce désastre. En 1658, il enleva les Syriens à la juridiction de l'évêque portugais de Cochin pour les confier aux Carmes Déchaussés. Le premier qui fut envoyé dans le Malabar réussit, après plusieurs démarches infructueuses, à ramener à l'obéissance Thomas de Campo, le fit renoncer à l'autorité épiscopale qu'il

avait sacrilègement usurpée, réconcilia avec Rome
80 paroisses et n'en laissa que 30 obstinément endur-
cies dans leurs erreurs. Le malheureux archidiacre ne
persévéra pas longtemps dans ses bonnes dispositions ;
toujours poussé par l'ambition, il recommença ses
intrigues et réussit encore à se faire quelques partisans,
puis l'infortuné mourut sans avoir réparé le mal causé
par lui. Les 30 paroisses opiniâtrément fidèles aux
erreurs de Nestorius persistèrent à demander des
évêques au patriarche de Babylone jusqu'en l'année
1772, époque où l'évêque Joseph reçut la consécration
d'un prélat jacobite et prit le nom de Mar Dionysius.
Alors, tous les hérétiques nestoriens de Malabar
embrassèrent l'erreur d'Eutychès, diamétralement oppo-
sée à celle qu'ils avaient suivie jusque-là. Et l'on peut
dire aujourd'hui que le nestorianisme a complètement
disparu de ces régions où il avait dominé pendant tant
de siècles : 262.000 de ses partisans ayant eu le bonheur
de revenir à la vraie foi et 160.000 étant tombés dans
l'erreur jacobite ou d'Eutychès.

Les Carmes Déchaussés ont bien mérité de l'Eglise
catholique aux Indes. Ils ont administré le vicariat
apostolique de Bombay depuis son érection en 1734
jusqu'en 1850. A cette époque ils se retirèrent à cause
des vexations des Goanais. Ils ont aussi évangélisé le
Mangalore dès 1853. Mais bientôt les protestants allemands envahirent cette province, y fondèrent un collège,
une imprimerie, des écoles nombreuses. Ils disposaient
d'un revenu annuel d'un demi-million.

Les Carmes étaient trop peu nombreux pour lutter
efficacement contre de telles forces. Ils demandèrent à
être déchargés du vicariat, que la Propagande confia,
en 1878, à la Compagnie de Jésus, avec l'ordre d'ouvrir
à Mangalore un collège, pour arracher la jeunesse à
l'influence protestante.

Non contents de ramener les Nestoriens à la véritable Eglise, les Carmes ont travaillé avec succès à la
conversion des infidèles. En 1886, à l'établissement de
la hiérarchie, les deux évêchés, Verapoly et Quilon,
confiés à leurs soins, comptaient, le premier 40.000 ca-

tholiques latins, et le second 86.000. En 1907, les deux diocèses réunis groupaient 160.000 fidèles.

Deux congrégations de tertiaires, l'une d'hommes et l'autre de femmes, sont chargées des œuvres de la mission, tiennent les hôpitaux, les écoles et les orphelinats. Ces tertiaires de l'ordre des Carmes sont tous indigènes, et l'on peut dire que la province de Verapoly, à l'extrémité méridionale de l'Inde, vit de ses propres ressources, se soutient et se développe avec des ouvriers tirés de son sein.

Les catholiques de rite syro-malabar sont très attachés à leurs cérémonies et à leurs usages. Ils ont gardé la plus touchante dévotion à saint Thomas, leur premier apôtre, un autel lui est consacré dans chaque église.

CHAPITRE X

Province ecclésiastique de Ceylan.

L'île de Ceylan, la *Lanka* des livres sacrés des Singhalais, s'étend à l'entrée du golfe du Bengale, au sud de l'Inde. Elle n'en est séparée que par le détroit de Palk, où se trouve cette sorte de chaussée de bancs de sable et de récifs, qu'on appelle le pont d'Adam. Aussi est-elle presque, à mer basse, en communication avec le littoral du continent. Sa surface, de 64.000 kilomètres carrés représente à peu près le huitième de celle de la France.

Ceylan a joui de tout temps d'une juste réputation

de fécondité et de richesse. On y retrouve la luxuriante végétation des tropiques. Ses vastes forêts offrent les essences d'arbres les plus variées et les plus précieuses. Le riz et la cannelle y paient magnifiquement les soins qui leur sont donnés. Le cocotier et le palmier ne sont pas moins productifs. A ces cultures se sont ajoutées de notre temps celles du thé, du quinquina et surtout du tabac, qui tend à prévaloir en beaucoup d'endroits sur toutes les autres.

La population, d'environ 3.000.000 d'habitants, se décompose à peu près comme il suit : 2.000.000 de Singhalais, qui semblent descendre des premiers Hindous immigrés dans l'île, de teint inégalement bronzé, marqués, du reste, de tous les caractères de la race aryenne, parlant une langue qui leur est propre, le singhalais, formée d'un mélange de tamoul et de sanscrit : ils occupent le centre et les parties méridionales de l'île ; 650.000 Tamouls, venus également de l'Inde, mais à des dates plus rapprochées de nous, de couleur beaucoup plus foncée, presque noirs ; leur langue est le tamoul pur ; ils sont massés dans la province du Nord ; 200.000 Maures, 10.000 Veddas, race grossière, la première probablement qui ait occupé Ceylan, et qui, refoulée par les envahisseurs, s'est maintenue péniblement dans les parties les plus inaccessibles du pays, où elle vit à l'état sauvage.

Dans l'île de Ceylan, on compte 1.800.000 bouddhistes, tous Singhalais ; 600.000 brahmanistes, tous Tamouls ; 200.000 musulmans, tous Maures ; 300.000 catholiques, presque tous indigènes : Singhalais où Tamouls ; 50 ou 60.000 protestants, dont un assez grand nombre d'Européens : Anglais et Hollandais. Ceylan est le pays où le bouddhisme s'est conservé le plus vivant et d'où il a rayonné sur les régions du Sud-Est.

Il ne semble pas que le christianisme ait fait son apparition à Ceylan avant la fin du xve siècle. Il y fut apporté par les Portugais qui y fondèrent pour leurs établissements des côtes une mission dont l'action s'étendit bientôt à l'île entière. Elle y porta des fruits abondants, surtout après le passage de saint François-

Xavier. Ce n'est pas que les contradictions manquassent : la persécution sévit tout de suite avec violence. Dès 1546, 700 chrétiens étaient martyrisés, d'un seul coup, à Mannar, et parmi eux se trouvaient plusieurs personnages considérables, dont le propre fils du roi de Jaffna. Mais il arriva à Ceylan ce qui est arrivé partout : le sang des martyrs fut une semence de chrétiens. On en comptait plusieurs centaines de mille vers la fin du XVIe siècle. Les Jésuites n'y avaient pas moins de vingt-six résidences en 1628.

Mais bientôt commence le déclin de la puissance portugaise. Les Hollandais protestants s'emparent peu à peu de tous les établissements fondés par leurs rivaux, qu'ils chassent totalement de l'île par la prise de Jaffna, en 1656. La persécution religieuse renaît impitoyable et sanglante. Les missionnaires sont expulsés ; la peine de mort est décrétée contre quiconque leur donnerait l'hospitalité (16 septembre 1658) ; le culte catholique est rigoureusement proscrit.

Il ne restait pas à Ceylan plus d'une cinquantaine de milliers de chrétiens, lorsque les Anglais y parvinrent à leur tour, en 1795. Ils semblèrent d'abord hésiter sur la ligne de conduite à suivre à l'égard du catholicisme. Les missionnaires étaient suspects : on craignait qu'ils ne travaillassent au profit de l'influence française. Mais bientôt cette influence ne fut plus à craindre ; et dès lors s'ouvrit une ère de tolérance sincère et bienveillante, qui ne s'est plus fermée depuis. Le culte catholique reparut ; la Mission reprit son œuvre ; le nombre des fidèles crut rapidement. Puis cet essor sembla s'arrêter.

C'est que les ouvriers manquaient : il n'y avait dans l'île qu'une vingtaine de prêtres goanais ; tandis que soutenues par l'or de l'Angleterre et de l'Amérique, les missions protestantes s'efforçaient, non toujours sans succès, d'attirer à elles plus encore les catholiques que les païens de l'île. Le danger le plus à craindre peut-être, c'étaient les écoles, qu'elles avaient ouvertes en grand nombre, et que les catholiques, faute d'avoir les leurs, étaient obligés de fréquenter.

Ce fut pour remédier à cet état de choses, que le pape Grégoire XVI érigea, en 1836, la mission de Ceylan en vicariat apostolique. Un évêque indigène ou goanais devait en être titulaire, à la condition qu'il aurait auprès de lui, pour le seconder ou le contenir, un coadjuteur européen. Le siège du vicariat était Colombo. En 1845, Grégoire XVI en détacha la mission de Jaffna qu'il confia aux Oratoriens d'Italie. Pour avancer l'œuvre d'évangélisation, le nouvel évêque Mgr Bettachini se rendit en Europe pour chercher des auxiliaires. Il revenait de Londres découragé, lorsque l'idée entra dans son esprit de passer par Marseille. Mgr de Mazenod le reçut avec une cordialité parfaite et tout de suite lui donna, pour le seconder à Jaffna, quatre de ses religieux, un Irlandais et trois Italiens. À ces quatre missionnaires vinrent se joindre trois nouveaux Oblats. Ces derniers étaient Français. La mission devenait ainsi partiellement française. Elle le deviendra chaque année davantage, jusqu'à ce que, vers 1853, elle le soit tout à fait.

En 1845, le chiffre total des catholiques de Ceylan s'élevait à 113.210. Pendant les années qui suivirent, jusqu'en 1883, Jaffna, sous la direction des Oblats de Marie Immaculée, Colombo, sous celle des Bénédictins de la congrégation de Saint-Sylvestre, virent leur population chrétienne doubler, malgré les nombreux, obstacles suscités à leurs pasteurs. Parmi ces obstacles, nous signalerons l'opposition tracassière du clergé goanais vis-à-vis des évêques et de leurs auxiliaires européens, l'esprit d'indiscipline et de mutinerie répandu parmi les fidèles. Le choléra sévit, en 1850, emportant des familles entières et plusieurs missionnaires. Après le choléra vint la famine que l'arrêt du commerce et des travaux agricoles rendait chaque jour plus générale. Mgr Bettachini donna jusqu'à son dernier sou. Il eut enfin l'idée de prescrire dans toutes les églises du vicariat un triduum de prières pour fléchir la colère de Dieu. Le triduum achevé, le choléra disparut.

Cependant des maisons d'éducation étaient organisées

ou fondées. Les Frères des Ecoles chrétiennes furent appelés pour la première fois à Ceylan et s'établirent à Colombo. A Jaffna des frères convers de la Congrégation des Oblats vinrent d'Europe et furent placés à la tête de l'école anglaise de garçons qui, jusque-là, n'avait eu que des maîtres laïques et souvent même étrangers à la foi. Un orphelinat fut créé à Kolambogam. Mgr Bonjean fonda, en outre, l'année 1864, la Société des Frères indigènes de Saint-Joseph et celle des Sœurs indigènes de Saint-Pierre, appelées à prendre par la suite un développement considérable.

Le progrès s'annonçait partout : les conversions, non encore nombreuses, devenaient moins rares. Un journal protestant, le *Ceylan Patriot* écrivait en 1873 : « L'aspect de la Mission catholique a complètement changé depuis vingt ans, c'est-à-dire depuis que le clergé goanais a été remplacé par les Oblats. Les catholiques ont cessé d'être un objet de mépris ; ils sont à la tête du progrès moral, social, intellectuel. L'école anglaise, l'imprimerie, le journal catholique en témoignent. Quiconque n'a pas vu Jaffna depuis vingt ans ne peut manquer d'être surpris de ces heureux changements. La Mission catholique tient le premier rang parmi les Missions chrétiennes. » Du reste Mgr Bonjean se félicitait lui-même de l'état de son diocèse considéré comme le plus florissant de l'Inde, après ceux de Maduré et de Pondichéry.

Cependant de graves changements se préparaient. Le vicariat de Colombo était depuis longtemps aux mains des Pères Sylvestrins. A leur tête Mgr Pagnani voyait de jour en jour plus clairement que ni lui ni eux ne suffisaient plus à la tâche. Il obtint que Rome, de ce diocèse trop vaste, en fit deux, celui de Colombo et celui de Kandy. Le second, plus petit, lui fut réservé à lui-même et aux Pères Sylvestrins. Quant au premier, personne ne parut plus capable de le gouverner que Mgr Bonjean. Celui-ci fut donc transféré de Jaffna à Colombo et fit son entrée dans sa nouvelle ville épiscopale le 28 août 1888, au milieu des acclamations et des salves de mousqueterie. Depuis la réception faite au prince de Galles, Ceylan n'avait rien vu de semblable.

Les débuts du prélat dans son nouveau diocèse furent pénibles. Les fonds manquaient, le personnel manquait, l'animosité des Bouddhistes envers les catholiques empêchait les conversions. L'instruction largement donnée par des Frères et des Sœurs venus de France, les malades recueillis et soignés dans les hôpitaux, les orphelinats fondés pour les enfants eurent bientôt ramené au zélé pasteur la confiance universelle. Païens et chrétiens furent gagnés par cette charité active, et cet amour de la paix qui caractérisèrent toujours l'apostolat de Mgr Bonjean, et quand il mourut, le 3 août 1892, ce fut une explosion de douleur universelle et les journaux rendirent un hommage unanime aux talents et aux vertus de l'évêque éminent que Ceylan venait de perdre.

Le 16 août 1893, un décret du Saint-Siège érigeait deux nouveaux vicariats dans l'île de Ceylan : celui de Trincomali détaché de l'ancien diocèse de Jaffna, et celui de Pointe-de-Galle, tous deux confiés aux Jésuites. Leur création eut ici, comme partout, pour résultat une rapide expansion des œuvres. D'abord, les Sœurs de Saint-Joseph de Cluny arrivèrent pour la première fois à Ceylan pour diriger une école et un orphelinat. Dans les Missions, en effet, les Religieuses sont les auxiliaires nécessaires de l'action du prêtre. Sans elles, impossible à ce dernier, même par ses catéchistes, de s'occuper dans le détail de la partie féminine du troupeau et d'infuser dans l'âme des enfants, pour être répandus ensuite dans les foyers, l'esprit et les principes de la vraie vie chrétienne. Beaucoup d'enfants bouddhistes fréquentèrent cette école, ainsi qu'un certain nombre d'enfants protestants et les conversions se multiplièrent. Quand le missionnaire parcourt un village entièrement païen, c'est une prédication ininterrompue du matin au soir ; s'il célèbre la sainte Messe, tout le village, enfants et parents, tient à y assister, la plupart les mains jointes, car on leur a dit que c'est la position la plus respectueuse pour prier Dieu.

Devant le succès des écoles catholiques, les bouddhistes

encouragés par les éloges donnés à leur religion,
de différents côtés, en Europe, se mettent à ouvrir eux
aussi un assez grand nombre d'écoles. Ils espèrent que,
avant peu d'années, il n'y aura plus un seul enfant
bouddhiste dans une seule église catholique ou protestante. C'est du moins ce qu'ils ont imprimé dans
leur journal en 1905.

Mentionnons enfin le *Séminaire papal* de Kandy.
Ce séminaire fondé par Léon XIII, *Seminarium Leo-
nianum,* et confié par lui aux Pères Belges de la
Compagnie de Jésus, reçoit les séminaristes de toute
l'île de Ceylan et d'autres encore, choisis dans tous les
diocèses de l'Inde. Ils étaient 85 en 1900, plus de 100 aujourd'hui. Ces jeunes gens de toute caste et de toute couleur ne forment qu'un cœur et qu'une âme et se traitent
de frères et en frères. Par leur piété, leur intelligence,
leur ardeur au travail, ils donnent les plus belles
espérances pour l'avenir du catholicisme aux Indes. En
deux ou trois ans ils savent assez de latin pour suivre
les cours de philosophie et de théologie qui se font
dans cette langue. Pour toutes les branches de la science
sacrée, ils ne le cèdent en rien aux meilleurs séminaristes d'Europe. Une chose extrêmement touchante,
c'est leur dévotion envers la Très Sainte Vierge et leur
vif désir de la mieux connaître. Aussi, ayant connu
que la langue française était plus riche que tout autre
en ouvrages de spiritualité, surtout sur Marie, beaucoup
d'entre eux ont appris le français et lisent avec délices
ces ouvrages.

Sur l'estime en laquelle est tenue la Religion catholique dans l'île de Ceylan, écoutons ces paroles d'un
missionnaire : « J'étais allé présenter au gouverneur
anglais de l'île mes respects et mes sentiments de
loyalisme. Celui-ci m'appela sur une estrade pour
quelques minutes d'entretien particulier devant tout
l'auditoire debout. C'était montrer publiquement qu'il
avait en grande estime les catholiques, et pour nos chrétiens j'ai été content de cette marque de faveur. Notre
œuvre ici doit s'appuyer sur Dieu, c'est vrai ; cependant
nos catholiques sont des hommes, et le public fait

grande attention à ces petites choses. Il ne faut pas que les rivaux détournent de nous les âmes faibles en répétant que nous sommes uniquement une religion de basses castes et de parias, et que se joindre à nous c'est se rabaisser et se priver de toute espérance d'avancement. »

En un mot, sur le progrès du catholicisme à Ceylan et sur son état actuel dans l'île, le tableau suivant contiendra les meilleurs renseignements. En 1800, le nombre des catholiques était de 50.000 ; il atteignit 182.222 en 1870 ; 222.914 en 1890 ; 275.220 en 1900 et 294.314 en 1907 sur une population de moins de 3 millions d'habitants.

Les catholiques de Ceylan se distinguent généralement par la fermeté et la ferveur de leur foi, dont ils aiment surtout les manifestations extérieures : processions, pèlerinages, etc. Chaque année des milliers de fidèles se rendent aux sanctuaires de Notre-Dame de Madhu, dans le diocèse de Jaffna, et de Sainte-Anne. On a compté, des années, jusqu'à soixante mille pèlerins.

CONCLUSION

Depuis que l'Inde est devenue colonie anglaise, les missionnaires sont presque assurés de n'avoir plus à redouter dans ce pays des persécutions sanglantes comme celles que la Chine et d'autres régions ont suscitées aux prêtres catholiques ou peuvent encore leur susciter. De plus, ces derniers ; qu'ils soient Français, Allemands, Italiens ou Belges, peuvent hardiment recourir aux tribunaux anglais, si leurs droits sont lésés, ils y trouveront toujours justice. Il semblerait donc que la véritable religion, entièrement libre d'exercer son action bienfaisante et moralisatrice, dût se répandre rapidement et gagner de nombreux adeptes. Il n'en est rien cependant. Trois causes principales empêchent le progrès du christianisme aux Indes : l'extrême pénurie de missionnaires, du moins dans certaines provinces très vastes et très peuplées ; le vif attachement des hindous à leurs coutumes païennes, plus ou moins sensuelles et grossières, et l'influence protestante.

Les catholiques ont toujours été plus nombreux aux extrémités méridionales de l'Inde que dans les contrées plus riches et populeuses de la plaine du Gange. La raison en est que cette partie a toujours été la plus accessible aux missionnaires venus d'Europe, depuis que les Portugais doublèrent le cap de Bonne-Espérance et ouvrirent par mer une route vers l'Inde. C'est dans cette partie uniquement aussi que des chrétiens ont pu se maintenir quelque peu depuis les temps apostoliques. C'est là que les grands missionnaires exercèrent leur fructueux apostolat : Saint François-Xavier, le Bienheureux Jean de Britto, le Père de Nobili et le Père Beschi, ce grand littérateur tamoul dont les poèmes sont encore de nos jours très appréciés. Aussi les diocèses les plus florissants, Maduré, Colombo, Pondichéry se trouvent-ils tous au sud de l'Hindoustan.

Mais dans les provinces du Nord, dans la vallée du Gange, au Bengale, que voyons-nous ? Dans la province d'Agra à peine 30.000 fidèles contre plus de 100 millions de païens ! et pour évangéliser cette masse compacte d'idolâtres seulement 134 prêtres ! Au Bengale, dans le diocèse de Dacca, 16 prêtres et 17 millions d'infidèles ; dans le diocèse de Krishnagar, 7 prêtres et 18 millions de païens. Ces prêtres auraient-ils tous le zèle et la sainteté d'un Xavier, ils ne suffiraient pas à implanter la Foi de manière à faire éclater aux yeux de tous sa radieuse lumière, de manière à faire admirer la beauté des vertus qu'elle engendre. Tant que la divine Providence ne suscitera pas dans ces diocèses des apôtres en plus grand nombre, la religion n'y progressera point.

Si encore les Hindous formaient un peuple neuf, à peine civilisé, les obstacles à leur conversion seraient moins nombreux et plus faciles à surmonter. Mais cet opuscule a déjà fait voir les barrières que plusieurs siècles d'une civilisation véritable, mais orgueilleuse et sensuelle, ont élevées contre la pratique des vertus chrétiennes. L'habitude d'une vie molle, très éprise des superstitions matérielles, est contractée ; la crainte de perdre sa famille, de perdre sa caste surtout, retient les païens ; le plus grand sacrifice pour eux serait une conversion sincère, au grand jour. Ce n'est guère que réduits à la misère, dans les temps de famine, de peste ou de choléra, que les Hindous malheureux consentent à entendre quelques vérités chrétiennes en échange de secours matériels reçus. Aussi les œuvres de charité corporelles, soins donnés aux enfants, aux malades, aux vieillards, sont-elles les principaux sinon les seuls moyens d'apostolat. Les lieux où celui-ci s'exerce sont les dispensaires, les orphelinats, les refuges, les asiles pour les vieillards pauvres et infirmes et les hôpitaux. Il faudrait ajouter les écoles et les collèges. L'on ne saurait dire combien les maisons d'éducation, bien tenues, où l'enseignement des Universités de Madras, Bombay et Calcutta est donné, a rehaussé le catholicisme dans l'esprit des païens. Sur les collèges se fonde le principal espoir de la conversion des Indes à l'avenir.

Une troisième cause des progrès lents de la religion véritable est l'influence protestante. Si les ministres et leurs nombreux aides se contentaient d'exercer leurs œuvres de charité, très abondantes ; s'ils ne visaient qu'à la conversion des païens, on aurait peu à dire, mais ils répandent « dans tout le pays des traités remplis de calomnies contre l'Eglise catholique et ses ministres ; leurs distributions d'argent ont avili l'Evangile, et ont fait de la conversion au christianisme une affaire d'intérêt temporel ; le gouvernement anglais a couvert le pays d'écoles qui sont autant de foyers d'opposition et de mépris pour le catholicisme : enfin par ses complaisances pour les païens et leur culte, par la participation de ses agents à ce même culte, il a répandu

parmi les idolâtres la persuasion que les infamies de
leur culte sont aussi légitimes que la religion chrétienne,
persuasion qui est aujourd'hui l'une des plus grandes
difficultés à la conversion des Indiens et l'*ultima ratio*
de leurs discussions avec les missionnaires catholiques (1). »

Quoi qu'il en soit, si la Religion progresse lentement
dans les Indes, elle progresse néanmoins, puisque le
nombre des catholiques s'est élevé de 500.000 en 1800
à 2.235.000 en 1907. Le tableau suivant nous montrera
comment les Fidèles sont répartis dans les différents
diocèses.

(1) Mgr Laouënan, cité dans *Les Missions catholiques françaises*,
par Piolet, t. II, p. 235.

BIBLIOGRAPHIE

J.-B. PIOLET. — *Les Missions catholiques françaises au XIX° siècle,* 6 vol. in 8°, Paris, Colin.

L. E. LOUVET. — *Les Missions catholiques au XIX° siècle,* Paris, Desclée.

Annales de la Propagation de la Foi, Paris, rue Cassette, 20.

The Madras catholic directory for the year 1906.

ETAT DE L'ÉGLISE CATHOLIQUE AUX INDES, EN 1907

MISSIONNAIRES	DIOCÈSES	PAIENS	CATHOLIQUES	PRÊTRES	ÉGLISES ET CHAPELLES	ÉCOLES
Prêtres séculiers goanais.	Goa	2.903.000	329.459	665	450	139
	Damao	2.000.000	70.870	71	71	30
	Cochin	305.000	91.500	62	76	87
	Saint-Thomas de Méliapour	1.057.000	74.767	67	278	81
	Total...	6.265.000	566.596	865	875	337
Capucins.	Agra	24.000.000	7.546	49	36	13
	Allahabad	38.174.000	8.774	25	33	12
	Lahore	16.000.000	5.361	30	27	17
	Rajpoutana p. a. (1)	10.800.000	3.129	16	14	9
	Bettiah p. a	13.000.000	3.371	14	13	14
	Total...	101.974.000	28.181	134	123	65
Jésuites.	Bombay	12.380.000	17.242	85	49	23
	Poona	7.000.000	14.252	32	38	89
	Mangalore	3.709.000	91.679	57	73	64
	Maduré	5.500.000	233.423	104	991	292
	Pointe de Galle	900.000	8.799	17	44	36
	Trincomali	186.000	8.454	12	22	46
	Calcutta	21.000.000	120.460	95	298	151
	Total...	50.675.000	494.309	402	1.515	701
Oblats de Marie Immaculée.	Colombo	1.275.000	205.521	97	284	371
	Jaffna	392.000	44.390	40	185	121
	Total...	1.667.000	249.911	137	469	492
Bénédictins Sylvestrins	Kandy	633.000	27.938	23	59	12

Congrégation	Mission					
Missions Etrangères de Paris.	Pondichéry	6.000.000	143.124	106	276	79
	Coïmbatour	2.028.000	37.080	54	112	74
	Kumbakonam	3.000.000	87.719	48	510	71
	Maïssour	5.500.000	45.724	64	112	74
	Total…	16.528.000	313.647	272	1.010	298
Missions Etrangères de Milan.	Hyderabad	11.054.000	14.000	21	90	28
	Krishnagar	18.000.000	4.600	7	14	23
	Total…	29.054.000	18.600	28	104	51
Missions Etrangères de Mill-Hill.	Madras	7.075.000	48.356	55	169	73
	Kafiristan et Cashmire, p.a.	12.000.000	3.100	14	10	4
	Total…	19.075.000	51.456	69	179	77
Miss. de St-François de Sales d'Annecy.	Vizagapatam	9.000.000	14.290	31	70	24
	Nagpour	11.054.000	11.870	31	43	39
	Total…	20.054.000	26.160	62	113	63
Carmes Déchaussés.	Verapoly	1.200.000	67.185	80	150	114
	Quilon	1.210.000	93.800	61	169	117
	Total. .	2.410.000	160.985	141	319	231
Prêtres de la Société du Divin Sauveur.	Assam p.a	7.000.000	1.801	8	13	15
Prêtres de Sainte-Croix du Mans.	Dacca	17.000.000	12.000	16	24	28
Prêtres séculiers indig. (rite syro-malabar).	Trichoor, v. a	2.761.000	91.998	76	83	183
	Ernaculam, v. a		93.011	99	73	178
	Changanacherry, v. a		140.272	260	152	418
	Total…		325.281	435	308	779
	Totaux généraux…	275.096.000	2.276.865	2.592	5.111	3.149

(1) p. a. préfecture apostolique; v. a. vicariat apostolique.

TABLE DES MATIÈRES

639-07. — Imp. des Orph-Appr. F. BLÉTIT, 40, rue La Fontaine, Paris.

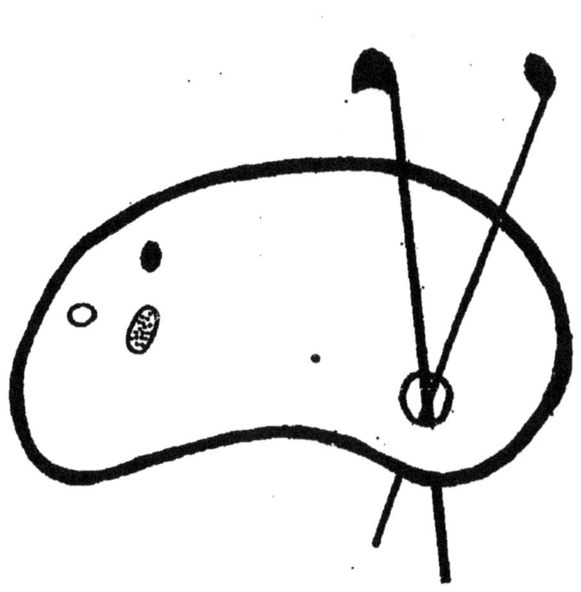

ORIGINAL EN COULEUR

NF Z 43-120-8